KB189715

유레카

반야심경 풀이

般若心經

남촌(南村) 지음

옴출판사

유레카

반야심경 풀이

般若心經

남촌(南村) 지음

차례 ···

책을 펴내며

반야심경풀이를 시작하며

차례 ···

약 10년 전 인천 강화도 장어구이집에서 93세이신 친구 부친께서 세 가지 질문에 답해 주셨네. 몇 살 시절로 돌아가고 싶으시냐 하니 70세 라. 왜 70세 시절이신지 재차 여쭙자 몸도 사리판단도 가장 좋았던 시절 이라. 그 70세 시절로 돌아가시면 무얼 하시겠냐 또 여쭙자 그 좋은 몸 과 판단력으로 창업해 10년은 사업하실 거라셨네.

93세 어르신이 귀하신 말씀 남겨주시고 어느 날 떠나셨다면, 나는 이 제 내 나이 63세에 반야심경풀이를 세상에 남기고 어딘가로 떠나게 된 다 해도 아쉽지 않으리.

어리석고 어리석다 할 작디 작은 한 중생이 그저 짧고도 미미한 몇 가 지 깨달음으로 책까지 출간하기에 이르렀으니, 절대로 큰스님들만 못하 고 노스님들만 못하고 젊으신 스님, 행자승만도 못하겠지만, 한자(漢字) 모르는 학생들이나, 타종교 외면하는 이웃 종교인들이나, 깨달음 없는 학자들이나 전혀 공부하지 않는 불자들보다는 낫겠다는 생각에 감히 용 기를 내어 반야심경을 풀어 보이게 되었습니다.

유명한 영어 속담인 'A rolling stone gathers no moss'를 보고 구 르라는 건지? 구르지 말라는 건지? 물으면 대학교수, 심지어 원어민도 제대로 대답하지 못하는 경우가 많고, 가을은 '천고마비(天高馬肥)'라고 하는데 왜 가을엔 말이 살찌는지 물으면 제대로 답하는 이 별로 없고, 반야심경의 '오온개공(五蘊皆空)'이란 표현 중, "오온"은 왜 "6온"도 아니고 "4온"도 아닌 "5온"이냐고 물으면 쉽게 답하는 이 별로 없고 '공(空)'과 비슷한 말은 무엇이 있고, 반댓말로는 무엇이 있겠냐 하면 역시 쉽게 대답하는 이 별로 없고, 반야심경의 속뜻이 무어냐 물으면, 너무 깊고도 오묘해 쉽게 설명하기 어렵다 하거나, 시간이 지나면 저절로 알게 될 날이 올거라 하거나, 세세한 앞뒤 설명 없이 그저 핵심은 '나는 없다'라고만 하는 이들만 보아 온 가운데, 중국의 유명 무술문파인 당랑권(螳螂拳) 권보(拳譜) 적요일단(摘要一段)의 첫 줄인 엽리장도 광수타(葉裡藏桃恨手打)를 보여준다 한들 어느 유명한 한학자가 그 뜻을 알리요? 혼자서 수천 번 외운다고 그 뜻을 알리요? 엉터리 스승 밑에서 아무리 열심히 수련한들 그 뜻을 알게 되리요? 다만 제대로 된 스승에게서 제대로만 배운다면 중학생도 10분이면 터득할 것을...

한자(漢字) 반야심경 260자를 이해하기 위해서 그 두배로 분량이 늘어난 한글 반야심경을 다시금 외워야 하나요?

아니면, 2,600자를 공부해야 하나요? 26,000자를 알아야 하나요? 260,000자를 읽어야 하나요?

또는, 26편의 동영상을 시청해야 하나요? 260시간 이상 강의를 들어야 하나요?

도대체, 26분만에 중학생도 반야심경 260자의 속뜻을 이해할 수 있게 해줄 강사나 교재, 방법이 세상에는 없나요?

이 책을 보고 계시는 당신은 아마도 반야심경에 기본적인 관심이 있으신 가운데, 여러 이유나 상황으로 반야심경을 몇 번이든 몇 천번이든 읽어보고 외워보셨을 거라 생각됩니다. 혹시 본인은 오온이 무언지, 오온개공이 무언지, 조견 오온개공은 무언지 잘 알고 계시고 중학생도 알아듣게 설명해 줄 수 있으신지요? 그리고 본인은 도일체고액 하고 계신지요? 또는 반야심경을 공부하고 도일체고액 하신 분을 알고 계신지요?

많은 분들이 인도 성지순례를 다녀오셨지만 '조견 오온개공' 하셨다는 분을 보지 못하였고, 많은 분들이 반야심경을 설(출간, 강의, 해설)하시지만 '도 일체고액' 하셨다는 분을 듣지 못하였고, 많은 불자들이 반야심경을 소리내어 수 백, 수 천번을 외웠더니 그 뜻을 알게 되었다는 분을 알지 못합니다. 다만, 반야심경을 수천번은 읽으셨는지 오른쪽 아래 모퉁이가 헤어지고 너덜거리는 경전책을 들고 다니시는 어느 노보살님을 본 적이 있을 뿐입니다.

세상에는 많은 희망에 대한 얘기들이 있어서, 그 중에는 아쉽게도 죽어도 다시 살아난다거나 죽어서 영생하자거나 죽어서 행복해지는 걸 희망으로 제시하고 믿고 따르는 이들이 적지 않은데 반야심경에서는 다른 (살아서, 지금, 누구나, 어렵지 않게 도 일체고액 할 수 있다는) 희망을 우리들에게 보여 주는 걸 알게 됩니다. 그러나 지금껏 그런 희망이 반야심경 속에 있다고 얘기하는 걸 들어본 적이 있으신지요?

그나저나 안타깝고, 아무리 생각해도 이해가 안되는 건, 경전인지, 해석인지 아니면 사람들인지 무언가 어디에서부터인가 많이 어긋난 듯 보인다는 점입니다.

　　마치, 반야심경은 이쪽에 있고, 많은 이들의 삶과 행동은 저쪽에 있는 듯 하고, 반야심경은 그저 어려운 이론과 철학적 경전이려니 한쪽에 떠밀려져 있고 우리네 실생활과는 거리가 멀어서 없이 살아가도 되는 듯 해 보이기도 합니다.

　　지난 십수년간 반야심경을 공부하면서 순간순간 깨달으며 무릎을 치거나 감탄을 하거나 유레카를 외치고 싶던 내용들을 모아 책을 내면서, 요즘같이 서점에 안가고 책 안읽는 세상에 이 책을 낸다는 게 무슨 의미일까 싶다가도 한 명이라도 이 책을 통한 인연으로 '도 일체고액'하는 첫 걸음이 되시거나 입소문 나게 되면 더 많은 독자들도 '도 일체고액' 하실 수 있겠다 싶기도 하고, 아무런 입소문도 안나고 사라진다 해도 인공지능(A.I.)이 이 글을 학습했다가 어느날 인간들에게 반야심경에 대한 답변으로 사용하게 될지 모른다는 작은 희망을 가지면서 이 책을 냅니다. 참고로, 설명과 이해를 돕기 위해 반야심경의 경전 내용을 덧붙이거나 바꿔보는 등 여러 형태로 변경해 보았는데 이러한 표현들이나 방법 등이 어떤 분이 보시기에는 불편하거나 불경스럽다 생각하실지 모르겠으나 중학생도 이해하길 바라는 설명을 하는 과정에서 생긴 것이므로 널리 헤아려 주시기 바랍니다.

아울러, 지난 십수년간 반야심경을 공부한 인연으로 코로나19 이전에 어느 독서모임에서 강의 후 받았던 소감 두 개를 옮겨 봅니다.

남촌님... 고마워~~ 덕분에 반야심경(이라는 말은 엄청 많이 들었지만)에 대하여 알게 되었네... 그리고 중학수학으로 접근한 방법 너무 신선했어. (거의 콜롬부스의 달걀 수준^^)

어제 "남촌 작가"와 함께 하는 시간이 있었습니다. 불교에 관심 있는 분들과 평소 남촌 작가를 아끼는 많은 친구들이 참석했습니다. 강의 제목은 "유레카, 반야심경과 행복에 대하여"였습니다. 남촌 작가는 반야심경을 함께 이해하고 싶은 이들에게는 최고의 안내자였습니다. 그냥 가볍게 등산하는 마음으로 남촌 작가의 안내를 따라가던 저는 생각 못한 아름다운 산을 보게 된 느낌입니다. 나도 모르고 너도 모르고 아무도 모르지만 심오한 뭔가가 있다는 선불교 지도자들에게 남촌 작가는 이단자임에 틀림없을 것입니다. 그러나 저는 이토록 아름답고 치열하게 그러나 누구나 이해할 수 있게 불경을 해설해 낸 남촌거사야 말로 불교계가 아끼고 따라야할 사표라고 생각합니다. 함께했던 많은 친구들이 마음속으로 "유레카"를 외쳤을 것으로 생각합니다. 많이 행복했던 시간이었습니다. 남촌 작가와 함께해준 친구들께 감사드립니다.

이제 제가 보았던 유레카의 세상을 여러분께 보이면서, 세상 많은 분들이 반야심경을 통해 희망을 보시고 "도 일체고액" 하시는 길로 나아가시길 기원해 봅니다.

　혹시 오온개공을 조견하는 데 관심 있으신지요? 그래서 도 일체고액 하시는 데 관심 있으신지요? 다 같이 오온개공을 조견하러 가시지요. 다 같이 도 일체고액 의 길로 한 걸음 들어서시지요.

　　揭諦 揭諦　　波羅 揭諦　　波羅僧揭諦　　菩提娑婆訶
　　아제 아제　　바라 아제　　바라승아제　　모지사바하
　　가자 가자　　넘어 가자　모두 넘어가서 깨달음을 이루자

태산이 높다 하되 하늘 아래 뫼이로다

오르고 또 오르면 못오를 리 없건마는

사람이 제 아니 오르고 뫼만 높다 하더라

(조선중기 양사언 지음)

경전이 어렵다 하되 모두 해서 260자네

배우고 또 공부하면 모를 리 없건마는

사람이 제 아니 공부하고 경전만 어렵다 하더라

(남촌 지음)

반야심경풀이를 시작하며 ·······························

인생이 일평생이 길다 할까 짧다 할까

울음 반 웃음 반에 울고 웃고 가는 것을

행여나 울고 가는 이 불행타 하더라

(작자 미상)

반야경전 260자가 길다 할까 짧다 할까

평이함 반 난해함 반에 알듯 말듯 한 것을

행여나 포기 하는 이 불행타 하더라.

(남촌 지음)

유레카 (1)

반야심경이 보여요.

摩訶般若波羅蜜多心經 (경전 원본)
마하반야바라밀다심경

觀自在菩薩 行深般若波羅蜜多時 照見五蘊皆空 度一切苦厄
관자재보살 행심반야바라밀다시 **조견오온개공 도일체고액**

舍利子 色不異空 空不異色 色卽是空 空卽是色 受想行識 亦復如是
사리자 색불이공 공불이색 **색즉시공 공즉시색 수상행식 역부여시**

舍利子 是諸法空相 不生不滅 不垢不淨 不增不減
사리자 시제법공상 **불생불멸 불구부정 부증불감**

是故 空中無色 無受想行識 無眼耳鼻舌身意 無色聲香味觸法
시고 공중무색 무수상행식 무안이비설신의 무색성향미촉법
無眼界 乃至 無意識界 無無明 亦無無明盡 乃至 無老死 亦無老死盡
무안계 내지 무의식계 무무명 역무무명진 내지 무노사 역무노사진
無苦集滅道 無智 亦無得 以無所得故 菩提薩陀 依般若波羅蜜多故
무고집멸도 무지 역무득 이무소득고 **보리살타 의반야바라밀다고**
心無罣碍 無罣碍故 無有恐怖 遠離顚倒夢想 究竟涅槃
심무가애 무가애고 무유공포 원리전도몽상 **구경열반**
三世諸佛 依般若波羅蜜多故 得阿縟多羅三藐 三菩提
삼세제불 의반야바라밀다고 **득아뇩다라삼먁삼보리**

故知 般若波羅蜜多 是大神呪 是大明呪 是無上呪 是無等等呪

고지 반야바라밀다 **시대신주 시대명주 시무상주 시무등등주**

能除一切苦 眞實不虛 故說 般若波羅蜜多呪 卽說呪曰

능제일체고 진실불허 고설 반야바라밀다주 즉설주왈

揭諦揭諦 波羅揭諦 波羅僧揭諦 菩提娑婆訶

揭諦揭諦 波羅揭諦 波羅僧揭諦 菩提娑婆訶

揭諦揭諦 波羅揭諦 波羅僧揭諦 菩提娑婆訶

아제아제 바라아제 바라승아제 모지사바하

摩訶般若波羅蜜多心經 (한글 경전 원본)
마하반야바라밀다심경

관자재보살이 깊은 반야바라밀다를 행할 때,
오온이 공한 것을 비추어 보고 온갖 고통에서 건너느니라.

사리자여, 색이 공과 다르지 않고 공은 색과 다르지 않으며,
색이 곧 공이요. 공이 곧 색이니, 수 상 행 식도 그러하니라.

사리자여, 모든 법은 공하여 **나지도 멸하지도 않으며,**
더럽지도 깨끗하지도 않으며, 늘지도 줄지도 않느니라.

그러므로 공 가운데는 색이 없고 수 상 행 식도 없으며,
안 이 비 설 신 의도 없고, 색 성 향 미 촉 법도 없으며,

눈의 경계도 의식의 경계까지도 없고, 무명도 무명이
다함까지도 없으며, 늙고 죽음도 늙고 죽음이 다함까지도 없고

고집멸도도 없으며, 지혜도 얻음도 없느니라.
얻을 것이 없는 까닭에 **보살은 반야바라밀다를 의지하므로**

마음에 걸림이 없고 걸림이 없으므로 두려움이 없어서,
뒤바뀐 헛된 생각을 멀리 떠나 **완전한 열반에 들어가며,**

삼세의 모든 부처님도 반야바라밀다를 의지하므로
최상의 깨달음을 얻느니라.

반야바라밀다는 **가장 신비하고 밝은 주문이며 위없는
주문이며 무엇과도 견줄 수 없는 주문이니,**

온갖 괴로움을 없애고 진실하여 허망하지 않음을 알지니라.
이제 반야바라밀다주를 말하리라.

아제아제 바라아제 바라승아제 모지사바하
아제아제 바라아제 바라승아제 모지사바하
아제아제 바라아제 바라승아제 모지사바하

[출처] 조계종단 표준 한글 반야심경

摩訶般若波羅蜜多心經 (부처님 사례 세가지)
마하반야바라밀다심경

觀自在菩薩 行深般若波羅蜜多時 照見五蘊皆空 度一切苦厄

관자재보살 행심반야바라밀다시 조견오온개공 도일체고액

舍利子 色不異空 空不異色 色卽是空 空卽是色 受想行識 亦復如是

사리자 색불이공 공불이색 색즉시공 공즉시색 수상행식 역부여시

舍利子 是諸法空相 不生不滅 不垢不淨 不增不減

사리자 시제법공상 불생불멸 불구부정 부증불감

是故 空中無色 無受想行識 無眼耳鼻舌身意 無色聲香味觸法

시고 공중무색 무수상행식 무안이비설신의 무색성향미촉법

無眼界 乃至 無意識界 無無明 亦無無明盡 乃至 無老死 亦無老死盡

무안계 내지 무의식계 무무명 역무무명진 내지 무노사 역무노사진

無苦集滅道 無智 亦無得 以無所得故

무고집멸도 무지 역무득 이무소득고

菩提薩陀 依般若波羅蜜多故

보리살타 의반야바라밀다고

心無罣碍 無罣碍故 無有恐怖 遠離顚倒夢想 究竟涅槃

심무가애 무가애고 무유공포 원리전도몽상 구경열반

三世諸佛 依般若波羅蜜多故 得阿耨多羅三藐 三菩提

삼세제불 의반야바라밀다고 득아뇩다라삼막삼보리

故知 般若波羅蜜多 是大神呪 是大明呪 是無上呪 是無等等呪

고지 반야바라밀다 시대신주 시대명주 시무상주 시무등등주

能除一切苦 眞實不虛 故說 般若波羅蜜多呪 卽說呪曰

능제일체고 진실불허 고설 반야바라밀다주 즉설주왈

揭諦揭諦 波羅揭諦 波羅僧揭諦 菩提娑婆訶

揭諦揭諦 波羅揭諦 波羅僧揭諦 菩提娑婆訶

揭諦揭諦 波羅揭諦 波羅僧揭諦 菩提娑婆訶

아제아제 바라아제 바라승아제 모지사바하

摩訶般若波羅蜜多心經 (부처님 사례 세가지)
마하반야바라밀다심경

관자재보살이 깊은 반야바라밀다를 행할 때,

오온이 공한 것을 비추어 보고 온갖 고통에서 건너느니라.

사리자여, 색이 공과 다르지 않고 공은 색과 다르지 않으며,
색이 곧 공이요. 공이 곧 색이니, 수 상 행 식도 그러하니라
사리자여, 모든 법은 공하여 나지도 멸하지도 않으며,
더럽지도 깨끗하지도 않으며, 늘지도 줄지도 않느니라.
그러므로 공 가운데는 색이 없고 수 상 행 식도 없으며,
안 이 비 설 신 의도 없고, 색 성 향 미 촉 법도 없으며,
눈의 경계도 의식의 경계까지도 없고, 무명도 무명이
다함까지도 없으며, 늙고 죽음도 늙고 죽음이 다함까지도 없고
고집멸도도 없으며, 지혜도 얻음도 없느니라.
얻을 것이 없는 까닭에

보살은 반야바라밀다를 의지하므로

마음에 걸림이 없고 걸림이 없으므로 두려움이 없어서,

뒤바뀐 헛된 생각을 멀리 떠나 **완전한 열반에 들어가며,**

삼세의 모든 부처님도 반야바라밀다를 의지하므로

최상의 깨달음을 얻느니라.

반야바라밀다는 **가장 신비하고 밝은 주문이며 위없는
주문이며 무엇과도 견줄 수 없는 주문이니,**

온갖 괴로움을 없애고 진실하여 허망하지 않음을 알지니라.
이제 반야바라밀다주를 말하리라.

아제아제 바라아제 바라승아제 모지사바하
아제아제 바라아제 바라승아제 모지사바하
바라아제 바라승아제 모지사바하

摩訶般若波羅蜜多心經　**(오온개공, 공중무 설명)**
마하반야바라밀다심경

觀自在菩薩 行深般若波羅蜜多時 照見五蘊皆空 度一切苦厄
관자재보살 행심반야바라밀다시 조견오온개공 도일체고액

舍利子 色不異空 空不異色 色卽是空 空卽是色 受想行識 亦復如是
사리자 색불이공 공불이색 색즉시공 공즉시색 수상행식 역부여시

舍利子 是諸法空相 不生不滅 不垢不淨 不增不減
사리자 시제법공상 불생불멸 불구부정 부증불감

是故 空中無色 無受想行識 無眼耳鼻舌身意 無色聲香味觸法
시고 공중무색 무수상행식 무안이비설신의 무색성향미촉법

無眼界 乃至 無意識界 無無明 亦無無明盡 乃至 無老死 亦無老死盡
무안계 내지 무의식계 무무명 역무무명진 내지 무노사 역무노사진

無苦集滅道 無智 亦無得 以無所得故
무고집멸도 무지 역무득 이무소득고

菩提薩陀 依般若波羅蜜多故
보리살타 의반야바라밀다고

心無罣碍 無罣碍故 無有恐怖 遠離顚倒夢想 究竟涅槃
심무가애 무가애고 무유공포 원리전도몽상 구경열반

三世諸佛 依般若波羅蜜多故 得阿耨多羅三藐 三菩提

삼세제불 의반야바라밀다고 득아뇩다라삼막삼보리

故知 般若波羅蜜多 是大神呪 是大明呪 是無上呪 是無等等呪

고지 반야바라밀다 시대신주 시대명주 시무상주 시무등등주

能除一切苦 眞實不虛 故說 般若波羅蜜多呪 卽說呪曰

능제일체고 진실불허 고설 반야바라밀다주 즉설주왈

揭諦揭諦 波羅揭諦 波羅僧揭諦 菩提娑婆訶

揭諦揭諦 波羅揭諦 波羅僧揭諦 菩提娑婆訶

揭諦揭諦 波羅揭諦 波羅僧揭諦 菩提娑婆訶

아제아제 바라아제 바라승아제 모지사바하

摩訶般若波羅蜜多心經 **(오온개공, 공중무 설명)**
마하반야바라밀다심경

관자재보살이 깊은 반야바라밀다를 행할 때,

오온이 공한 것을 비추어 보고 온갖 고통에서 건너느니라.

사리자여, 색이 공과 다르지 않고 공은 색과 다르지 않으며,
색이 곧 공이요. 공이 곧 색이니, 수 상 행 식도 그러하니라
사리자여, 모든 법은 공하여 나지도 멸하지도 않으며,
더럽지도 깨끗하지도 않으며, 늘지도 줄지도 않느니라.

그러므로 공 가운데는 색이 없고 수 상 행 식도 없으며,
안 이 비 설 신 의도 없고, 색 성 향 미 촉 법도 없으며,
눈의 경계도 의식의 경계까지도 없고, 무명도 무명이
다함까지도 없으며, 늙고 죽음도 늙고 죽음이 다함까지도 없고
고집멸도도 없으며, 지혜도 얻음도 없느니라.
얻을 것이 없는 까닭에

보살은 반야바라밀다를 의지하므로

마음에 걸림이 없고 걸림이 없으므로 두려움이 없어서,

뒤바뀐 헛된 생각을 멀리 떠나 **완전한 열반에 들어가며,**

삼세의 모든 부처님도 반야바라밀다를 의지하므로

최상의 깨달음을 얻느니라.

반야바라밀다는 **가장 신비하고 밝은 주문이며 위없는
주문이며 무엇과도 견줄 수 없는 주문이니,**

온갖 괴로움을 없애고 진실하여 허망하지 않음을 알지니라.
이제 반야바라밀다주를 말하리라.

아제아제 바라아제 바라승아제 모지사바하
아제아제 바라아제 바라승아제 모지사바하
바라아제 바라승아제 모지사바하

摩訶般若波羅蜜多心經 (반야바라밀다주 설명)
마하반야바라밀다심경

觀自在菩薩 行深般若波羅蜜多時 照見五蘊皆空 度一切苦厄

관자재보살 행심반야바라밀다시 조견오온개공 도일체고액

舍利子 色不異空 空不異色 色卽是空 空卽是色 受想行識 亦復如是

사리자 색불이공 공불이색 색즉시공 공즉시색 수상행식 역부여시

舍利子 是諸法空相 不生不滅 不垢不淨 不增不減

사리자 시제법공상 불생불멸 불구부정 부증불감

是故 空中無色 無受想行識 無眼耳鼻舌身意 無色聲香味觸法

시고 공중무색 무수상행식 무안이비설신의 무색성향미촉법

無眼界 乃至 無意識界 無無明 亦無無明盡 乃至 無老死 亦無老死盡

무안계 내지 무의식계 무무명 역무무명진 내지 무노사 역무노사진

無苦集滅道 無智 亦無得 以無所得故

무고집멸도 무지 역무득 이무소득고

菩提薩陀 依般若波羅蜜多故

보리살타 의반야바라밀다고

心無罣碍 無罣碍故 無有恐怖 遠離顚倒夢想 究竟涅槃

심무가애 무가애고 무유공포 원리전도몽상 구경열반

三世諸佛 依般若波羅蜜多故 得阿耨多羅三藐 三菩提

삼세제불 의반야바라밀다고 득아뇩다라삼먁삼보리

故知 般若波羅蜜多

고지 반야바라밀다

是大神呪 是大明呪 是無上呪 是無等等呪

시대신주 시대명주 시무상주 시무등등주

能除一切苦 眞實不虛 故說 般若波羅蜜多呪 卽說呪曰

능제일체고 진실불허 고설 반야바라밀다주 즉설주왈

揭諦揭諦 波羅揭諦 波羅僧揭諦 菩提娑婆訶

揭諦揭諦 波羅揭諦 波羅僧揭諦 菩提娑婆訶

揭諦揭諦 波羅揭諦 波羅僧揭諦 菩提娑婆訶

아제아제 바라아제 바라승아제 모지사바하

摩訶般若波羅蜜多心經 **(반야바라밀다주 설명)**
마하반야바라밀다심경

관자재보살이 깊은 반야바라밀다를 행할 때,

오온이 공한 것을 비추어 보고 온갖 고통에서 건너느니라.

사리자여, 색이 공과 다르지 않고 공은 색과 다르지 않으며,
색이 곧 공이요. 공이 곧 색이니, 수 상 행 식도 그러하니라
사리자여, 모든 법은 공하여 **나지도 멸하지도 않으며,**
더럽지도 깨끗하지도 않으며, 늘지도 줄지도 않느니라.

그러므로 공 가운데는 색이 없고 수 상 행 식도 없으며,
안 이 비 설 신 의도 없고, 색 성 향 미 촉 법도 없으며,
눈의 경계도 의식의 경계까지도 없고, 무명도 무명이
다함까지도 없으며, 늙고 죽음도 늙고 죽음이 다함까지도 없고
고집멸도도 없으며, 지혜도 얻음도 없느니라.
얻을 것이 없는 까닭에

보살은 반야바라밀다를 의지하므로

마음에 걸림이 없고 걸림이 없으므로 두려움이 없어서,

뒤바뀐 헛된 생각을 멀리 떠나 **완전한 열반에 들어가며,**

삼세의 모든 부처님도 반야바라밀다를 의지하므로

최상의 깨달음을 얻느니라.

반야바라밀다는 **가장 신비하고 밝은 주문이며 위없는**
주문이며 무엇과도 견줄 수 없는 주문이니,
온갖 괴로움을 없애고 진실하여 허망하지 않음을 알지니라.
이제 반야바라밀다주를 말하리라.

아제아제 바라아제 바라승아제 모지사바하
아제아제 바라아제 바라승아제 모지사바하
바라아제 바라승아제 모지사바하

유레카 (2-1)

五蘊(오온)은?

- **육경(六境)** : 색성향미촉법(色聲香味觸法)

  "색, 소리, 냄새, 맛, 촉감, 법"
- **육근(六根)** : 안이비설신의(眼耳鼻舌身意)

  "눈, 귀, 코, 혀, 몸, 뜻"
- **육현(六現)** : 색수수상행식(色受受想行識)
- **육온(六蘊)** : 색온(色蘊), 수온(受蘊), 수온(受蘊), 상온(想蘊), 행온(行蘊), 식온(識蘊)
- **오온(五蘊)** : 색온(色蘊), 수온(受蘊), 상온(想蘊), 행온(行蘊), 식온(識蘊)

쌓을 온

획수 20획, 부수 艹 (초두머리, 4획)

뜻/문법

1. 쌓다. 한 자리에 쌓임. 道化流而不蘊(도화류이불온) 孔子家語

2. 모으다. 저축함. 蘊利生孼(온리생얼) 左氏傳

3. 간직하다. 감춤. 蘊匱 古今(온궤고금) 後漢書

4. 받아들이다. 포용(包容)함. 蘊藉(온자)

외부 환경	감각기관	개별(단수)	쌓임(누적, 복수)	
육경(六境)	**육근(六根)**	**육현(六現)**	**육온(六蘊)**	**오온(五蘊)**
색(色)	안(眼)	색(色)	색온(色蘊)	색온(色蘊)
성(聲)	이(耳)	수(受)	수온(受蘊)	수온(受蘊)
항(香)	비(鼻)	수(受)	수온(受蘊)	
미(味)	설(舌)	상(想)	상온(想蘊)	상온(想蘊)
촉(觸)	신(身)	행(行)	행온(行蘊)	행온(行蘊)
법(法)	의(義)	식(識)	식온(識蘊)	식온(識蘊)
외부 자극들	내 몸의 통로	나의 내부에 발생한 현상 (타인과 나를 구별되게 만드는 자아)		

　　만약에 독자분께서 약간의 집중력과 이해력을 바탕으로 조금만 노력해 보신다면, 위의 표만으로도 스스로 아주 많은 부분을 알아채시거나 이해하실 수 있으리라 예상되지만, 조금이나마 위의 표를 이해하시는 데 도움될까 싶은 마음으로 몇 가지 내용들을 다음과 같이 정리해 보았습니다.

1. **색성향미촉법(色聲香味觸法)**은 흔히 **육경(六境)**이라고 합니다.

"색, 소리, 냄새, 맛, 촉감, 법"이렇게 여섯가지입니다.

우리가 접하는 외부의 환경입니다.

여기에서 말하는 "색(色)"은 자연에 있는 광선 중, 사람의 눈에 보이는 부분을 표현하는 것이니 "가시광선"이라 할 것이나 달리 "광(光)"이나 "빛"이라 표현을 바꿀 수 있을 것임.

또한, "법(法)"은 사전적 의미의 법뿐 아니라 윤리, 도덕 등 불문율과 크고 작은 각종 규칙, 약속 등 내가 알아야 하고 지켜야 하는 모든 것들을 의미한다 할 것임.

2. **안이비설신의(眼耳鼻舌身意)**는 흔히 **육근(六根)**이라고 합니다.

"눈, 귀, 코, 혀, 몸, 뜻" 이렇게 여섯 가지입니다.

외부의 것들을 받아들이는 우리 신체의 해당 기관입니다.

"의(意)"는 의지와 같은 의미의 "뜻"이라기 보다는, 육경(六境)의 "법(法)"을 알고 지키게 하는 우리 두뇌의 인지기능을 말하는 것이라 보면 될 것임.

3. **육현(六現)**인 **"색수수상행식(色受受想行識)"**은 우리 감각기관이 받아들인 외부정보의 하나, 하나로 아직 "쌓임"의 상태에 다다르지 않은 낱낱의 것들입니다. 외부의 것들을 우리 신체의 해당기관을 통해 받아들인 여섯가지의 각각의 현상들입니다.

4. 육온(六蘊)은 "색온(色蘊), 수온(受蘊), 수온(受蘊), 상온(想蘊), 행온(行蘊), 식온(識蘊)"으로 우리 감각기관이 받아들인 여섯가지 현상인 육현(六現)이 많아져 누적되고 쌓인 "온(蘊)"의 상태에 다다른 것을 말합니다.

5. "오온(五蘊)"은 색수상행식(色受想行識)이라고 흔히 말합니다. 그러나, 정확히는 "색온(色蘊), 수온(受蘊), 상온(想蘊), 행온(行蘊), 식온(識蘊)" 을 말하며 자아를 구성하는 다섯 가지 요소입니다.
인간을 구성하는 다섯 가지 범주의 요소라고도 합니다.

6. 신체 감각기관 중, 귀와 코는 열고 닫을 수 없어 소리와 향기를 항상 받아들이고 있는 기관이라, 귀와 코를 통해 받아들인 것들을 한자로 "수(受)"라고 표현합니다. 소리나 향기, 귀와 코는 모두 각기 다른 둘이나 육현(六現)이나 육온(六蘊)에서는 "수(受)"나 "수온(受蘊)"이라는 표현이 두 번씩 반복되어 나타나니, 같은 표현을 두 번 쓰지않고 한번만 쓰게 되면서 "육온(六蘊)"이 아닌 "오온(五蘊)"이라 표현하게 됩니다.

참고로, 오온을 위키백과에서 찾아보면 아래와 같이 나옵니다.

5온(五蘊, 팔리어: pañca khandha, 산스크리트어: pañca-skandha)은 불교에서 생멸·변화하는 모든 것, 즉 모든 유위법(有爲法)을 구성하고 있다고 보는 색(色)·수(受)·상(想)·행(行)·식(識)의 다섯

요소를 말한다. 이들을 각각 색온(色蘊: 육체, 물질)·수온(受蘊: 지각, 느낌)·상온(想蘊: 표상, 생각)·행온(行蘊: 욕구, 의지)·식온(識蘊: 마음, 의식)이라고도 부른다. 5온을 5음(五陰), 5중(五衆) 또는 5취(五聚)라고도 한다.

5온의 각 요소는 다음과 같다.

색(色): 육체(肉體) 또는 물질
수(受): 마음의 작용으로서의 지각(知覺)
상(想): 마음의 작용으로서의 수동적·능동적 표상(表象)
행(行): 마음의 수(受)·상(想)이외의 모든 작용. 특히, 마음의 능동적
     작용으로서의 의지(意志)나 욕구(欲求)
식(識): 마음. 마음은 대상에 대한 지각[受]·표상[想]·의지[思]·분석
     [勝解·尋·伺]·판단[慧] 등의 갖가지 마음작용과 더불어 함
     께 하면서 대상을 종합적으로 인식[了別]하는 힘

수(受) 이하의 4종은 마음과 그 작용에 관한 것으로서 색(色)인 육체와 합쳐서 5온은 몸과 마음, 즉 개인 존재를 가리키는 것이다.

위의 오온에 대한 설명을 보시면 이해가 잘 되시는지요?
그래서 오온의 사례들을 우리 주변 일상에서 어렵지 않게 찾고 얘기할 수 있으신지요?

대학생이나 고등학생 어쩌면 중학생들도 오온을 이해할 수 있는 정도의 설명이라 보시는지요?

지금까지 반야심경에 대한 많은 해설서나 강의내용을 보면, 6가지 환경인 육경이나 6가지 감각기관인 육근에 대한 풀이는 있어도 육경이나 육근과 오온과의 연관성에 대해 설명하는 걸 본적이 없는 가운데, 불쑥 위와 같은 설명을 접하면서 그 내용을 이해 하기 어려워하는 분들이 많았습니다.

더욱이, 오온에 대한 올바른 이해는 반야심경 전체를 이해하는 데 매우 중요한 출발점이라서 "오온개공"이나 "조견 오온개공", "도 일체고액"을 이해하는 데까지 영향을 미치게 됩니다.

따라서, 오온에 대한 설명을 사례와 함께 정리해 보면 다음과 같습니다.

오온은 다섯가지 온(蘊)이다.
오온은, "색온(色蘊), 수온(受蘊), 상온(想蘊), 행온(行蘊), 식온(識蘊)"을 말한다.

색온은, 우리 주변의 6가지 환경중 색(빛)을 눈을 통해 보면서 얻게 된 정보로써 개개의 정보는 색(色)이라 하고 그러한 색이 누적되고 쌓이게 된 상태를 색온(色蘊)이라 한다. 백일사진이나 돌사진 한 장만으로 나를 남과 구별하기는 매우 어렵지만, 지금까지 살아오면서 간직한 메가,

기가, 테라 바이트 단위의 사진과 동영상들을 보면 남들과 매우 다른, 남들과 확연히 구별될 수 있는 나를 발견할 수 있다.

수온은, 우리 주변의 6가지 환경중 소리, 냄새를 귀, 코를 통해 얻게 된 정보로써 개개의 정보는 수(受)라 하고 그러한 수가 누적되고 쌓이게 된 상태를 수온(受蘊)이라 한다. 어려서부터 부모님께 들었던 꾸지람, 잔소리, 칭찬과 격려들이 쌓이고 쌓여 오늘에 이르니 남들과 매우 다른, 남들과 확연히 구별될 수 있는 나를 발견할 수 있다.

상온은, 우리 주변의 6가지 환경중 맛을 혀를 통해 느끼면서 얻게 된 정보로써 개개의 정보는 상(想)이라 하고 그러한 상이 누적되고 쌓이게 된 상태를 상온(想蘊)이라 한다. 외식은 모른 채 어머니 손맛이 최고라고 살아오다 바깥 세상에 나와 전국 맛집들을 돌고나니 어머니 손맛과는 다른 나의 새로운 식감을 발견하니 비슷한 듯해도 남들과 매우 다른, 남들과 확연히 구별될 수 있는 나를 발견할 수 있다.

행온은, 우리 주변의 6가지 환경중 촉감을 몸을 통해 느끼면서 얻게 된 정보로써 개개의 정보는 행(行)이라 하고 그러한 행이 누적되고 쌓이게 된 상태를 행온(行瘟)이라 한다. 안하던 등산도 자주 다니고, 보기만 하던 스포츠도 직접 해보고, 안다니던 상가집도 많이 다니며 사람들과 접촉해보니 아무것도 안하던 젊은 날에 비해서 많이 달라져 남들과 매우 다른, 남들과 확연히 구별될 수 있는 나를 발견할 수 있다.

식온은, 우리 주변의 6가지 환경중 법을 의식을 통해 느끼면서 얻게 된 정보로써 개개의 정보는 식(識)이라 하고 그러한 식이 누적되고 쌓이게 된 상태를 식온(識蘊)이라 한다. 한 친구는 변호사로 30년, 한 친구는 사장으로 30년, 나는 영업으로 30년을 지내고 보니, 어려서 같은 학교 나온 동창이지만 서로의 관심사항이 너무도 달라져 남들과 매우 다른, 남들과 확연히 구별될 수 있는 나를 발견할 수 있다.

참고로, 한 장의 고양이 사진으로는 할 수 없지만 수천, 수만 장의 고양이 사진이 주어지면 인공지능(A.I.)에게 고양이를 학습시킬 수 있듯이, 현실 세계에서는 빅데이터가 주요 관심사가 되었는데 이를 달리 표현하면 "온(蘊)"이 주요 관심사가 되었다 할 것임.

유레카 (2-2)

사온(四蘊)은? 삼온(三蘊)은?

· 오온(五蘊) : 색온(色蘊), 수온(受蘊), 상온(想蘊), 행온(行蘊), 식온(識蘊)

　　　　　자아를 구성하는 다섯 가지 요소

　　　　　인간을 구성하는 다섯 가지 범주의 요소

· 사온(四蘊) : 오온 중에서 한가지 온이 결여된 상태(인간)

· 삼온(三蘊) : 오온 중에서 두가지 온이 결여된 상태(인간)

외부 환경	감각 기관	개별 (단수)	쌓임(누적, 복수)			
육경 (六境)	육근 (六根)	육현 (六現)	육온(六蘊)	오온(五蘊)	사온(四蘊)	삼온(三蘊)
색(色)	안(眼)	색(色)	색온(色蘊)	색온(色蘊)	오온 중에 한가지 온이 결여된 상태(인간)	오온 중에 두가지 온이 결여된 상태(인간)
성(聲)	이(耳)	수(受)	수온(受蘊)	수온(受蘊)		
향(香)	비(鼻)	수(受)	수온(受蘊)			
미(味)	설(舌)	상(想)	상온(想蘊)	상온(想蘊)		
촉(觸)	신(身)	행(行)	행온(行蘊)	행온(行蘊)		
법(法)	의(意)	식(識)	식온(識蘊)	식온(識蘊)		
외부 자극들	내 몸의 통로	나의 내부에 발생한 현상 (타인과 나를 구별되게 만드는 자아)				

5온? 4온? 3온?

어디에서 누군가에게서 "4온, 3온"에 대한 내용을 보거나 들어보신
적이 있으신지요?

혹은 스스로 생각해 보신 적은 있으신지요?

기존의 반야심경 해설서나 강의들을 보면, 인간의 자아를 구성하는 요소가 많고 많은 중에 왜 다섯 가지인지? 일곱 가지, 여섯 가지도 아니고 네 가지, 세 가지도 아닌 다섯 가지인지 아무런 설명없이 그저 다섯 가지라고만 하고 있는 걸 알 수 있습니다.

　하지만, 앞의 표에서 어렵지 않게 알 수 있듯이, "6경, 6근, 6현, 6온"에서 자연스럽게 5온이 나온 것을 알 수 있으며, 그 바탕에는 제한없는 6경의 환경과 정상적으로 작용되는 6근의 신체를 가진 인간을 전제로 한 것임을 알 수 있으나, 현실 세계에는 선천적이든 후천적이든 의외로 많은 장애인들이 있어서, 실명한 장애인의 경우에는 애초에 색이나 색온이랄 게 없으니, 그 분의 자아를 구성하는 요소는 다섯 가지가 아닌 네 가지라 할 것이며, 그 분에게는 "오온"이나 "오온개공"이 아니라 "사온"이나 "사온개공"을 적용해야 할 것입니다.

　마찬가지로, 여섯 가지의 신체 감각기관 중에서 두 가지의 장애가 있으신 분에게는 "오온"이나 "오온개공"이 아니라 "삼온"이나 "삼온개공"을 적용해야 할 것입니다.

　이와 같이, 반야심경에서 말하는 오온은 어렵고 복잡하고 이해하기 어려운 개념이나 표현이 아니라, 물 흐르듯 아주 자연스러운 표현임을 알 수 있습니다.

유레카 (3-1)

오온개공(五蘊皆空)은?

"색(色), 수(受), 상(想), 행(行), 식(識)"이 공(空)한 것인가?

"색온(色蘊), 수온(受蘊), 상온(想蘊), 행온(行蘊), 식온(識蘊)"이 공(空)한 것인가?

"쌓을 온(蘊)"이라는 한 글자가 있어도, 없어도 해석은 달라지지 않거나 상관 없는 것인가?

코로나19 중 오관개휴(五館皆休)

(코로나19 기간 중 사회적 거리두기로 다섯 가지 관(시설)은 모두 휴무였다.)

오관개휴(五館皆休)

(체육관, 도서관, 미술관, 박물관, 전시관)개휴

체육관 휴

도서관 휴

미술관 휴

박물관 휴

전시관 휴

(여러번 반복되는 "관"자를 생략해 표기하면)

체육 휴

도서 휴

미술 휴

박물 휴

전시 휴

(반야심경처럼 표현하면)

체육즉시휴

도서즉시휴

미술즉시휴

박물즉시휴

전시즉시휴

(반야심경처럼 한 줄로 표현하면)

체육즉시휴 도서, 미술, 박물, 전시 역부여시

體育卽是休 圖書, 美術, 博物, 展示 亦復如是

("체육은 곧 쉬는 것이다."와 같은 엉뚱한 해석을 하지 않기 위해서 올바른 해석을 할 때는 생략된 "관(館)"자를 원래대로 포함해서 해야 "체육관은 곧 휴무다."라는 원래의 의미가 나옴.)

지구에 있는 6대주 5대양 중 특히 오양개대(五洋皆大)
(세계지도를 펼쳐 놓고 보면 다섯 군데 양(바다)은 모두 크다.)

오양개대(五洋皆大)
(태평양, 대서양, 인도양, 북빙양, 남빙양)개대
태평양 대
대서양 대
인도양 대
북빙양 대
남빙양 대

(여러번 반복되는 "양"자를 생략해 표기하면)
태평 대
대서 대
인도 대
북빙 대
남빙 대

(반야심경처럼 표현하면)
태평즉시대
대서즉시대
인도즉시대
북빙즉시대
남빙즉시대

(반야심경처럼 한 줄로 표현하면)

태평즉시대 대서, 인도, 북빙, 남빙 역부여시

太平卽是大 大西, 印度, 北氷, 南氷 亦復如是

("태평은 곧 큰 것이다."와 같은 엉뚱한 해석을 하지 않기 위해서 올바른 해석을 할 때는 생략된 "양(洋)"자를 원래대로 포함해서 해야 "태평양은 곧 크다."라는 원래의 의미가 나옴.)

세계를 이끌어가는 여러 나라 중에 오국개강(五國皆强)
(과거에도 현재에도 여러 이유로 다섯 나라는 모두 강하다.)

오국개강(五國皆强)
(미국, 영국, 일국, 중국, 노국)개강
미국 강
영국 강
일국 강
중국 강
노국 강

(여러번 반복되는 "국"자를 생략해 표기하면)
미 강
영 강
일 강
중 강
노 강

(반야심경처럼 표현하면)
미즉시강
영즉시강
일즉시강
중즉시강
노즉시강

(반야심경처럼 한 줄로 표현하면)

미즉시강　영일중노　역부여시

美卽是强　英日中露　亦復如是

("아름다움은 곧 강하다."와 같은 엉뚱한 해석을 하지 않기 위해서 올바른 해석을 할 때는 생략된 "강(强)"자를 원래대로 포함해서 해야 "미국은 곧 강하다."라는 원래의 의미가 나옴.)

우리 신체에 있는 오각개중(五覺皆重)

(우리 신체에 있는 다섯가지 감각은 모두 중요하다.)

오각개중(五覺皆重)

(시각, 청각, 미각, 후각, 촉각)개중

시각 중

청각 중

미각 중

후각 중

촉각 중

(여러번 반복되는 "각"자를 생략해 표기하면)

시 중

청 중

미 중

후 중

촉 중

(반야심경처럼 표현하면)

시즉시중

청즉시중

미즉시중

후즉시중

촉즉시중

(반야심경처럼 한 줄로 표현하면)

시즉시중　청미후촉　역부여시

視卽是重　聽味嗅觸　亦復如是

("바라보는 것은 중요하다."와 같은 엉뚱한 해석을 하지 않기 위해서 올바른 해석을 할 때는 생략된 "각(覺)"자를 원래대로 포함해서 해야 "시각은 곧 중요하다."라는 원래의 의미가 나옴.)

백성들을 괴롭히는 오적개악(五賊皆惡)

(과거에 백성들을 괴롭힌 다섯 도적은 모두 악하다.)

오적개악(五賊皆惡)

(산적, 해적, 마적, 화적, 비적)개악

산적 악

해적 악

마적 악

화적 악

비적 악

(여러번 반복되는 "적"자를 생략해 표기하면)

산 악

해 악

마 악

화 악

비 악

(반야심경처럼 표현하면)

산즉시악

해즉시악

마즉시악

화즉시악

비즉시악

(반야심경처럼 한 줄로 표현하면)

산즉시악　해마화비　역부여시

山卽是惡　海馬火匪　亦復如是

("산은 곧 악하다."와 같은 엉뚱한 해석을 하지 않기 위해서 올바른 해석을 할 때는 생략된 "적(賊)"자를 원래대로 포함해서 해야 "산적은 곧 악하다."라는 원래의 의미가 나옴.)

반야심경 내용 중 오온개공(五蘊皆空)

(자아를 구성하는 요소인 다섯 가지 온은 모두 공하다.)

오온개공(五蘊皆空)

(색온, 수온, 상온, 행온, 식온) 개공

색온 공

수온 공

상온 공

행온 공

식온 공

(여러번 반복되는 "온"자를 생략해 표기하면)

색 공

수 공

상 공

행 공

식 공

(반야심경 원문의 표현대로 하면)

색즉시공 공즉시색

수즉시공 공즉시수

상즉시공 공즉시상

행즉시공 공즉시행

식즉시공 공즉시식

(반야심경 원문대로 한 줄로 표현하면)

색즉시공 공즉시색 수상행식 역부여시

色卽是空 空卽是色 受想行識 亦復如是

("색은 곧 공이요, 공은 곧 색이다."와 같은 엉뚱한 해석을 하지 않기 위해서 올바른 해석을 할 때는 생략된 "온(蘊)"자를 원래대로 포함해서 해야 "색의 쌓임이 곧 공이요, 공이 곧 색의 쌓임이다."라는 원래의 의미가 나옴.)

위아래의 순서를 반대로(거꾸로) 하여 다시 표현하면,

色卽是空　空卽是色　受想行識　亦復如是

색즉시공　공즉시색　수상행식　역부여시

색즉시공　공즉시색

수즉시공　공즉시수

상즉시공　공즉시상

행즉시공　공즉시행

식즉시공　공즉시식

(반야심경 원문의 표현을 일반적인 것으로 하면)

색　공

수　공

상　공

행　공

식　공

(여러번 반복되어 생략되었던 원래의 "온"자를 되살려 표기하면)

색온　공

수온　공

상온　공

행온　공

식온　공

(색온, 수온, 상온, 행온, 식온)개공

오온개공(五蘊皆空)

반야심경 내용 중 오온개공(五蘊皆空)

(자아를 구성하는 요소인 다섯 가지 온은 모두 공하다.)

'색즉시공'이란 표현은 '오온개공. 색즉시공. 수상행식 역부여시'처럼 앞뒤 표현과 같이있을 때에는 어렵지 않게 '색온즉시공'이란 뜻으로 읽히기에 큰 문제가 없다할 것이나, 아무런 앞뒤 표현 없이 단독으로 '색즉시공'만 떼어내 표현하면 '색온즉시공'이라 풀이할 사람 없어지고 그 뜻도 '색온즉시공'과는 전혀 다르게 해석되는 큰 문제가 생기게 될 수 있다.

참고로, 지난 2016년 12월 21일자 한국경제신문에 게재된 [생각을 깨우는 한시 (15)]를 보면, 조계종 포교연구실장이신 원철스님께서도 "색불이공 공불이색(色不異空 空不異色) 색즉시공 공즉시색(色卽是空 空卽是色)"을 설명하시면서, "색은 공과 다름 아니요 공도 색과 다르지 않으니 따라서 색이 곧 공이요 공은 곧 색이니라"라고 하시면서 제주도의 바람과 사진 이야기를 하실 뿐, 내용 어디에서도 "온(蘊)"이나 "오온(五蘊)"이나 "오온개공(五蘊皆空)"을 얘기하지 않으시는 걸 보게 됩니다.

따라서 반야심경에서의 뜻을 온전히 표현하려면, '색즉시공'이란 표현은 '오온개공'이란 표현과 함께 쓰여야 할 것이며, '오온개공'이란 표현 없이 단독으로 쓰일 때에는 '색즉시공' 이라 하지 말고 '색온즉시공' 이라 표현해야 할 것임.

　그러므로,
　오온개공은 다섯가지 온이 공함이므로
　색즉시공이 아닌 색온즉시공이라 할 것이며
　물질이 공한 것이 아닌(더더욱 물질의 쌓임이 공한 것이 아닌) 색의 쌓임이 공한 것이라 할 것이며
　갖가지 것들을 눈으로 보아 갖게 된 경험들이 공한 것이라 할 것이며
　'수, 상, 행, 식 역부여시'도 '수온, 상온, 행온, 식온 역부여시'라 할 것이며

　'감각, 생각, 행동, 의식도 모두 공하다.'가 아닌, '감각의 쌓임, 생각의 쌓임, 행동의 쌓임, 의식의 쌓임도 모두 공하다.' 할 것임.

　모든것이 공하고 무상함을 알고나니
　구별, 분별, 차별하는 게 의미가 없다 할 것이며
　남과 나 사이를 구별, 분별, 차별하지 않게 되니
　남과 나 사이의 많은 차이로 겪었을 마음걱정(마음고생)을 더이상 하지 않게 될것이며
　나를 규정짓던 많은 것들에 대해서도 더이상 얽매이지 않게 될것이니
　자연히, '남과 나로 인한 그많던 고액'들이 더이상 '고액'이랄것 없이 사라지거나 무의미해 질것이니

결국, 나는 아주 많은 고액들을 건넌 셈이 될것이며
감히, '도일체고액' 하였다 하게 될것이며
그리하여, '조견 오온개공 도일체고액' 하였다 할것이네.

유레카 (3-2)

세계 최초로 수학적으로 풀어 낸

"온(蘊)이 공(空)한 것이다."

"색(色), 수(受), 상(想), 행(行), 식(識)"이 공(空)한 것인가?

"온(蘊)"이 공(空)한 것인가?

수학적 표현(수학식)으로 보면,

"서로 다른 다섯 가지 x는 모두 0이다" 라고 할 때,

ax = 0, bx = 0, cx = 0, dx = 0, ex = 0 이라 할 수 있으며,

(ax) + (bx) + (cx) + (dx) + (ex) = 0 이며,
(a + b + c + d + e)x = 0 이고

" a, b, c, d, e" 는 서로 다르므로

(a + b + c + d + e) ≠ 0 이고
그러므로(∴), " x = 0 " 이라 할 것임

여기서 알 수 있는 건.

" a, b, c, d, e" 가 서로 다르다면

"a, b, c, d, e"가 '0'인 게 아니라.

'x'가 '0' 이라는 것임.

"오온개공(五蘊皆空)":"색온(色蘊), 수온(受蘊), 상온(想蘊), 행온(行蘊), 식온(識蘊)"은 모두 공하다.

수학적 표현(수학식)으로 보면,

"서로 다른 다섯 가지 온은 모두 공하다" 라고 할 때,

색온 = 공, 수온 = 공, 상온 = 공, 행온 = 공, 식온 = 공 이라 할 수 있으며,

(색온) + (수온) + (상온) + (행온) + (식온) = 공 이며,
(색 + 수 + 상 + 행 + 식)온 = 공 이고

" 색, 수, 상, 행, 식 " 은 서로 다르므로

(색 + 수 + 상 + 행 + 식) ≠ 공 이고
그러므로(∴), " 온(蘊) = 공(空) " 이라 할 것임

여기서 알 수 있는 건.

" 색, 수, 상, 행, 식 " 이 서로 다르다면

" 색, 수, 상, 행, 식 "**이 '공'한 게 아니라.**

'온(蘊)'이 '공(空)'하다는 것임.

그러므로,
오온개공은 다섯가지 온이 모두 공함이며,

각각을 표현하면

색온(色蘊)이 공(空)하고
수온(受蘊)이 공(空)하고
상온(想蘊)이 공(空)하고
행온(行蘊)이 공(空)하고
식온(識蘊)이 공(空)한 것이며,

따라서,
色불이공은 色蘊불이공 이라 할 것이고
공불이色은 공불이色蘊 이라 할 것이며,
色즉시공은 色蘊즉시공 이라 할 것이고
공즉시色은 공즉시色蘊 이라 할 것이며,

수상행식 역부여시 또한
수온상온행온식온 역부여시 라 할 것임

다만,
경전에서는 문장의 간결함과
이미 앞에서 '다섯가지 온'이라 표현했기에

반복되는 "온(蘊)"을 생략한 것으로 보임

그러므로,

사진 한 장이 공(無常)한 것이 아니라
앨범 속, 동영상 속 모습들이 공(無常)한 것이며,

자갈 하나가 공(無常)한 것이 아니라
자갈 무덤(무더기, 밭)의 형태가 공(無常)한 것이며,

하나의 소리나 냄새가 공(無常)한 것이 아니라
수많은 소리나 냄새들의 조합이 공(無常)한 것이며,

하나의 맛이나 접촉 자체가 공(無常)한 것이 아니라
오랜 동안 경험한 맛들이나 접촉들이 공(無常)한 것이며,

하나의 규범이나 법, 지식이 공(無常)한 것이 아니라
다양한 규범이나 지식들의 쌓임들이 공(無常)한 것이네.

다음은 오온개공의 사례들이다.

색즉시공. 색온즉시공.

"안이비설신의" 중 "안(눈)"을 통한 "색"들의 쌓임은 공하다. 색의 쌓임들은 영원하지 않아서 고정, 불변, 절대적이지 않다. 눈을 통해 받아들여 쌓여 이루어진(갖게 된) 경험치나 판단들은 그다지 고정, 불변, 절대적이거나 영원히 변하지 않는 것들이 아니다.

사례) 어제 만난 그녀가 세상에서 제일 이쁘다. 설악산 설경, 단풍. 내 부인, 미스코리아.

수즉시공. 수온즉시공.

"안이비설신의" 중 "이(귀)와 비(코)"를 통해 받아들인 "수"들의 쌓임은 공하다. 수의 쌓임들은 영원하지 않아서 고정, 불변, 절대적이지 않다.

귀로 듣거나 코로 냄새 맡아 쌓여 이루어진(갖게 된) 경험치나 판단들은 그다지 고정, 불변, 절대적이거나 영원히 변하지 않는 것들이 아니다.

사례) 어제 들은 음악이(어제 맡은 냄새가) 세상에서 가장 아름답다.

상즉시공. 상온즉시공.

"안이비설신의" 중 "설(혀)"을 통해 받아들인 "상"들의 쌓임은 공하다. 상의 쌓임들은 영원하지 않아서 고정, 불변, 절대적이지 않다.

혀를 통해 맛보아 쌓여 이루어진(갖게 된) 경험치나 판단들은 그다지 고정, 불변, 절대적이거나 영원히 변하지 않는 것들이 아니다.

사례) 내 어머니가 해주신 음식이 세상에서 가장 맛있다.

행즉시공. 행온즉시공.

"안이비설신의" 중 "신(몸)"을 통해 받아들인 "행"들의 쌓임은 공하다. 행의 쌓임들은 영원하지 않아서 고정, 불변, 절대적이지 않다.

몸을 통해 접촉해 쌓여 이루어진(갖게 된) 경험치나 판단들은 그다지 고정, 불변, 절대적이거나 영원히 변하지 않는 것들이 아니다.

사례) 아침형 인간. 저녁형 인간. 나는 담배를 끊고 싶지만 중독된 듯해여 못끊겠다. 군군신신부부자자. 살신성인. 코로나시대엔 마스크 쓰기.

식즉시공. 식온즉시공.

"안이비설신의" 중 "의(뜻, 두뇌)"를 통해 받아들인 "식"들의 쌓임은 공하다. 식의 쌓임들은 영원하지 않아서 고정, 불변, 절대적이지 않다.

두뇌를 통해 학습하고 생각해 쌓여 이루어진(갖게 된) 경험치나 판단들은 그다지 고정, 불변, 절대적이거자 영원히 변하지 않는 것들이 아니다.

사례) 민주주의, 사회주의, 개인주의, 전체주의. 원전은 그린에너지다 아니다. 북한은 주적이며 함께해야 할 동족이다.

유레카 (4-1)

공(空)이란?

먼저, 경전에 나오는 "공(空)"에 대한 설명 부분을 알기 쉽게 재배열해보면 아래와 같이 할 수 있다.

空中無色 無受想行識 無眼耳鼻舌身意 無色聲香味觸法
공중무색 무수상행식 무안이비설신의 무색성향미촉법
無眼界 乃至 無意識界 無無明 亦無無明盡 乃至 無老死 亦無老死盡
무안계 내지 무의식계 무무명 역무무명진 내지 무노사 역무노사진
無苦集滅道 無智 亦無得
무고집멸도 무지 역무득

空中　　無色 無受想行識 無眼耳鼻舌身意 無色聲香味觸法
공중　　무색 무수상행식 무안이비설신의 무색성향미촉법
　　　　無眼界 乃至 無意識界 無無明 亦無無明盡 乃至 無老死 亦無老死盡
　　　　무안계 내지 무의식계 무무명 역무무명진 내지 무노사 역무노사진
　　　　無苦集滅道 無智 亦無得
　　　　무고집멸도 무지 역무득

空中　　無色受想行識
공중　　무색수상행식

　　　　無眼耳鼻舌身意
　　　　무안이비설신의

無色聲香味觸法
무색성향미촉법

無眼界　無意識界
무안계　무의식계

無無明　亦無無明盡
무무명　역무무명진

無老死　亦無老死盡
무노사　역무노사진

無苦集滅道
무고집멸도

無智　亦無得
무지　역무득

　위에서 말하는 "공(空)"은 우주나 분자구조가 비어보인다는 관점의 "공"을 말하는 것이 아니며, "도 일체고액"하는데 모든 관심이 있을 "너와 나", "타인과 나"를 구별하게 만드는 서로의 "자아"인 "오온"이 얼마나 "공(空)"한 것인가를 나타낸(표현한) 것으로써, 이러한 "공"에는 지극한 "미미함"과 "변동성"을 가지고 있다 할 것이다.

먼저, 얼마나 우리들의 오온이 미미한 것이지 살펴보면,

영어 반야심경에서는 "공(空)"을 "emptiness" 로 번역하고 있는 바,

시간적으로, 지나온 137억년과 다가올 수백억년 동안 계속 가속 팽창하며 펼쳐진, 펼쳐질 우주의 모습들 중, 우리들 각자가 100년 남짓 살면서 쌓은, 적립한, 누적한 오온이란 것이, 많고 적음의 양적인 면에서는 너무 미미해서 없는 듯 하니 '공'이라 부르게 되고 'emptiness'라고 하게 되니. 로또 복권 한 두장 손에 쥐고 있는 게 거의 무의미하다 하는 것과 같은 것이다.

공간적으로 어마어마한 우주 속 그 중에 태양계의 희미한 창백한 작은 별인 지구에서조차 개개인인 우리들 각자가 살아온 그 작은 공간에서 쌓아 온 자신만의 오온을 아무리 자랑한들 그가 본 것이, 그가 들은 것이, 그가 경험한 것이 많고 적음의 양적인 면에서는 너무 미미해서 없는 듯 하니 '공'이라 부르게 되고 'emptiness'라고 하게 되고 인간적으로 같은 시대를 살아가는 사람만 100억 명인 세상에 개개인이 아무리 자기만의 오온을 자랑한들 그가 본 것이, 그가 들은 것이, 그가 경험한 것이 많고 적음의 양적인 면에서는 너무 미미해서 없는 듯 하니 '공'이라 부르게 되고 'emptiness'라고 하게 되네.

다음으로, 우리들 각자의 오온의 내용적인 "변동성"을 살펴보면, 태어나 죽기 전까지 한편에선 계속 새로운 게 추가로 쌓이게(적립되게, 누적되게) 되고 다른 한편에선 계속 지워지게(버려지게, 잊혀지게) 되니,

어제까지의 온과 오늘의 온이 다르고, 오늘의 온과 내일의 온이 다를 것이기에 쌓인(적립된, 누적된) 오온의 최종 모습은 계속 달라지게 되니 완성된(불변의, 절대적, 고정적) 모습의 온은 없다 할 것이다. 그리하니 오온은 무상(無常)하다 할 것이다.

결국, 오온의 양(量)적인 면에서는 공(空)이요. 내용적인 면에서는 무상(無常)이니. 누구나 태어나 지금까지 쌓아온 각자의 오온이랄 것이 스스로도 타인에게도 우월감이나 열등감으로 나타낼, 내세울, 작동시킬 아무런 근거가 되지 않게 되는 셈이다. 도토리끼리 키 재며 서로 아웅다웅 대는 모습은 우수꽝스럽기도 하고 슬프기도 하다.

따라서, 반야심경에서는
있다 없다의 유무 관점이 아니기에 '오온개무'라 하지 아니하고 적다 많다의 허실 관점이 아니기에 '오온개허'라 하지 아니하고 미미함이나 가득함인 공허, 충실의 관점인 '오온개공'이라 하였네.
(변동성의 관점에서는 '오온개무상'이라고도 할 수 있네.)

오온과 오온개공과 공의 관계를 정리해 보면,

외부의 색성향미촉법을,
내 몸의 안이비설신의를 통하여 받아들인게 색수수상행식이며,
같은 표현이 반복되어 하나를 생략하니 색수상행식이라 하며,
그것들의 '누적, 쌓임, 온'이 색온수온상온행온식온 이며,

이 다섯가지 온을 '5온'이라 한다.

외부의 색성향미촉법은 시기와 장소에 따라 매우 다양하게 다르고,
내 몸의 안이비설신의도 사람마다 시기마다 많이 다르니,
각자가 받아들인 색수상행식이 같은게 없고,
그런 하나하나의 색수상행식들이 여러날, 여러해를 지나면서 누적되고, 쌓여 '온'이 되어, 5온이라는 '색온, 수온, 상온, 행온, 식온'으로 서로 구별되고 구별되어지는, 서로 다른 우리들 각자가 되었으니,
서로의 태어난 시기와 장소와 환경이 다르고, 경험이 다르고, 가치관이 다르고, 인생관이, 역사관이, 선택, 행동, 말, 태도, 특기, 취미, 직업, 재산, 가족, 사는 곳, 꿈, 목표 등이 모두 다른 채로 살아가는 것이 지금 내가 사는 이곳의 우리들 모습이라 할 것이네.

이러한 5온이 공하다고 함은,
내가 지금과 다르게,
다른 성별이나 시기, 장소, 환경에서 살았더라면
내 가치관, 인생관, 역사관, 직업, 취미, 가족, 꿈 등이 매우 달라졌을 것처럼 현재의 나를 표현하는 그 '가치관, 인생관, 역사관, 직업, 취미, 가족, 꿈' 등이 언제나 어디서나 변치않을 절대적이거나, 불변적이거나, 영원한 것이 아니라 할 것이며,
오히려 언제고 어디서든 쉽게 변할 수 있고, 상대적이거나 가변적이거나 한시적인 것이라 할 것이니,
내가(너보다) 내 것이(네 것보다) 내 것만이 '맞고, 옳고, 고귀하고, 절

대적이고, 불변적이고, 영원하다'고 할 것이 아니므로,

그런 특성과 성질, 현상을 한마디로 '공'이라 한 것이네.

비슷한 표현으로, '무상, 무법, 무아' 등이 있네.

(예, 남녀, 나이, 시기, 지역, 환경 등에 따라 인생관, 가치관, 역사관 등이 서로 다름)

(예, 내가 당신이라도 당신처럼 했을거요.)

(예, 역지사지. 만일 내가 당신이라면...)

〈"공"이 가진 "변동성"을 보여주는 사례들〉

화무십일홍, 눈은 녹고, 장마는 그치고, 청춘은 갈거고, 노년은 올테고, 사별은 하게 될테고, 새 생명은 태어날테고, 새 시대는 또 열릴테고, 그렇게 모든게 바뀌고 바뀌면서 변해갈 것을.

언제고 헤어질 만남에 너무 들뜨지 말고.

다시 만날 이별에 너무 아파하지 말고

아무리 미워도 다시 한번 입장 바꿔보고

아무리 큰 재산을 모아도 결국은 내 것이 아님을

아무리 오래 산들 결국은 내 차례가 오는 것을

얼마나 더 멋진걸 보겠다 계속 여행다니시나요

얼마나 더 맛난걸 먹겠다 계속 맛집투어하시나요

얼마나 더 멋진 사랑 찾아 바람 피우고 외도 일삼나요

멸시, 괄시, 굶주림, 서러움도 지나간 일이 될테고

빛나고, 멋진, 풍요한, 행복한 날들도 올테고

원도 한도 지내보면 내 친구려니 싶어질테고

매년 손톱은 자랄거고 약 2cm씩

매년 태평양 지각판은 벌어질거고 약 2cm 씩

매년 달은 지구로부터 멀어질거고 약 3.82cm 씩

매년 해수면은 높아질거고 약 2-3cm 씩

한국인 평균수명은 매년 늘어나는 추세라고 하고 약 0.2세씩

70억년 뒤에는 우리 은하와 안드로메다 은하가 하나로 합쳐진다하고

유레카 (4-2)

공중(空中)이란?

다시 한번, 경전에 나오는 "공(空)"에 대한 설명 부분을 재배열 해보면 아래와 같이 할 수 있다.

空中無色 無受想行識 無眼耳鼻舌身意 無色聲香味觸法
공중무색 무수상행식 무안이비설신의 무색성향미촉법
無眼界 乃至 無意識界 無無明 亦無無明盡 乃至 無老死 亦無老死盡
무안계 내지 무의식계 무무명 역무무명진 내지 무노사 역무노사진
無苦集滅道 無智 亦無得
무고집멸도 무지 역무득

空中　　　無色 無受想行識 無眼耳鼻舌身意 無色聲香味觸法
공중　　　무색 무수상행식 무안이비설신의 무색성향미촉법
　　　　　無眼界 乃至 無意識界 無無明 亦無無明盡 乃至 無老死 亦無老死盡
　　　　　무안계 내지 무의식계 무무명 역무무명진 내지 무노사 역무노사진
　　　　　無苦集滅道 無智 亦無得
　　　　　무고집멸도 무지 역무득

공 가운데는 색이 없고 수 상 행 식도 없으며,
　　　　　안 이 비 설 신 의도 없고, 색 성 향 미 촉 법도 없으며,
　　　　　눈의 경계도 의식의 경계까지도 없고, 무명도 무명이 다함까지도 없으며,

늙고 죽음도 늙고 죽음이 다함까지도 없고, 고집멸도도 없으며,
지혜도 얻음도 없느니라.

"공중(空中)"을 "공 가운데는"이라고 한글 경전에서는 표현하였는데,
마치 우주나 분자구조 속 어딘가 우리가 비었다고 생각하는 그 한 가운
데를 망원경이나 현미경으로 보듯이, '"공(空)"을 살펴보니 그 내부 어
디에도 색수상행식도 고집멸도도 지혜도 얻음도 없더라'라는 식으로 큰
오해를 하게 되면서 다음과 같은 괜한 질문들을 만들어내게 됩니다.

"공중(空中)"을 "공 가운데는"이라고 해석 했고
공 가운데는 색이 없다고 하면
공 한가운데는 색이 없다는건가?
공 정중앙에는 색이 없다는건가?
공 가장자리에는 색이 있기라도 하다는건가?
공 바깥에는 색이 있기라도 하다는건가?

위와 같이, 우리에게 익숙한 "무, 허, 무상"등의 표현이 아닌 매우 생
소할 수 있는 '공'이라 표현하니 갑자기 공간적인 개념으로 경전을 해석
하면서 오해가 생기는 경우가 있고,
'공'을 '허공'이니 '진공'이니 '우주'니 하면서 '우주론'이나 '천체물리
학'따위에 끼워 맞추려 하거나,
'공'은 아주 커서 그 안에 무언가가 있기라도 하다고, 특히 그 '한가운
데'에 무언가가 있거나 없다고 해석하는 이가 있으니,

설사, 우주와 같은 그런 '공' 내부에 무엇이 있고 없다 한들 그게 나와 무슨 관계가 있으며, 내가 도일체고액 하는거랑 무슨 관계가 있다는 말인가???

따라서, "공중(空中)"에 대한 보다 적절한 표현을 찾아보아야 할 것입니다.

참고로, 우리 주변에서 보게되는 "공중(空中)"과 유사한 사례들을 살펴보면

試驗中 (시험중) 無 감독 無 소란 無 커닝(cunning) 無 핸드폰	**工事中** (공사중) 無 안전사고 無 공기지연 無 무단출입 無 소음
시험 가운데는? 시험보는 동안에는	공사 가운데는? 공사하는 동안에는

식사중 무잡담 ; 식사 가운데에는 잡담이 없고(?)
식사중 무잡담 ; 식사하는 동안에는 잡담하지 말고

운전중 무사고 ; 운전 가운데에는 사고가 없고(?)
운전중 무사고 ; 운전하는 동안에는 사고가 없어야 하고

공중 무색 ; 공가운데에는 색이 없고(?)

空中 無色 ; 공을 중심에 놓고 바라보면 색이 없고

공을 가운데 두면 색온(色蘊)이랄 게 없고

공을 가운데 두고 생각해보면 색온이랄 것도 없고

공이라는 개념을 가운데 두고 생각하면 색온이랄 것도 없고

공을 가운데에 두고 바깥(주변)을 보면 어디에도 색온이 없다.

내가 공을 중심에 두고 바깥을 보면 색온이랄 것이 없다.

다른 한편으로, "공"의 특징인 "미미함"과 "변동성"중, "공"을 변동성의 유사한 표현인 "무상(無常)"으로 바꿔보면, "무상"이란 표현엔 공간개념이 없어서 괜한 오해에 빠질 일이 적어집니다.

空中　無色

無常中 無色 ; 무상 가운데에는 색이 없고

(무상중무색) 무상함을 가운데에 두면 색이랄 게 없고

무상함을 가운데에 두면 색온(色蘊)이랄 게 없고

무상함을 가운데에 두고 생각해 보면 색온이랄 게 없고

무상함을 가운데에 두고 보면 색온이라 고집할 게 없고

모든게 변한다는 관점에서 생각하면 색온이라 고집하거나 얽매일 게 없다.

내가 공(무상함)의 관점에서 바깥(주변)을 보면 고정(불변, 영원, 절대적)된 색온이랄 것은 없다고 할 것이다.

유레카 (5)

조견 오온개공과 도 일체고액

먼저, "조견(照見)"을 알아보면,

"조견 오온개공 도 일체고액"을 영문 반야심경에서는 다음과 같이 쓰고 있습니다.

suddenly discovered that

all of the five Skandhas are equally empty,

and with this realisation

he overcame all Ill-being.

곧, "조견(照見)"을 **"suddenly discovered"**로 표현하는 것입니다.

다른 말로, "알게 되다, 발견하다, 파악하다, 깨닫다." 등으로 표현할 수 있겠습니다.

다음으로, "조견 오온개공"과 "도 일체고액"의 관계를 살펴보면.

경전에서는 "조견 오온개공"의 여섯 글자 뒤에 "도 일체고액"의 다섯 글자가 있고 "공"속에는 무엇이 없는지에 대한 설명을 아주 자세히 길게 하고 있는 걸 보게 됩니다.

반야심경 원문의 흐름을 요약해 보면 아래와 같습니다.

照見 五蘊皆空

조견 오온개공

度一切苦厄

도일체고액

色不異空 空不異色 色卽是空 空卽是色 受想行識 亦復如是

색불이공 공불이색 **색즉시공 공즉시색 수상행식 역부여시**

空中無色 無受想行識 無眼耳鼻舌身意 無色聲香味觸法

공중무색 무수상행식 무안이비설신의 무색성향미촉법

無眼界 乃至 無意識界 無無明 亦無無明盡 乃至 無老死 亦無老死盡

무안계 내지 무의식계 무무명 역무무명진 내지 무노사 역무노사진

無苦集滅道 無智 亦無得 以無所得

무고집멸도 무지 역무득 이무소득

"조견 오온개공"과 "도 일체고액"의 관계를 알기 위해 앞의 원문 문장의 흐름을 바꿔 "공"과 "도 일체고액"의 위치를 바꿔보면 다음과 같습니다.

照見 五蘊皆空

조견 오온개공

色不異空 空不異色 色卽是空 空卽是色 受想行識 亦復如是

색불이공 공불이색 **색즉시공 공즉시색 수상행식 역부여시**

空中無色 無受想行識 無眼耳鼻舌身意 無色聲香味觸法

공중무색 무수상행식 무안이비설신의 무색성향미촉법

無眼界 乃至 無意識界 無無明 亦無無明盡 乃至 無老死 亦無老死盡

무안계 내지 무의식계 무무명 역무무명진 내지 무노사 역무노사진

無苦集滅道 無智 亦無得 以無所得

무고집멸도 무지 역무득 이무소득

度一切苦厄

도일체고액

위의 흐름을 보면,

관자재보살이 조견하신(알아내고, 발견하신) "오온개공"과 "공"의 세계에는 우리를 속박하고 구속하고, 우리가 얽매이거나 집착할 것들이 없어서, 우리들도 어렵지 않게 자연스럽게 "도 일체고액"할 수 있음을 얘기해 주고 있다 하겠습니다.

다른 말로,

만일 관자재보살께서 "공"의 반대가 되는, 예를 들어 "충만(充滿)"같은 걸 오온에서 발견하셨더라면, 그래서 만일 "오온개공"이 아닌 "오온개충만"이더라고 조견 하셨더라면, 그래서 그 충만의 세계에는 우리를 속박하고 구속할, 우리가 얽매이거나 집착할 것들로 가득차 있고 우린 그것들을 맞추고, 갖추고, 채우고 나서야 "도 일체고액" 할 수 있는 것이었더라면, 아마도 우리에게 "도 일체고액"은 낙타가 바늘귀 통화하듯 거의 불가능에 가까운 일이 되었을 겁니다.

다행히도,

관자재보살께서도 "조견 오온개공"후 바로 "도 일체고액"하시었고,

조견 오온개공과 도 일체고액의 사이에 있는 공의 세계에는 우리를 속박하고 구속할, 우리가 얽매이거나 집착할 것들이 거의 없다는 희망을 보게 되면서, 오온개공을 조견하는 것만으로도 (다른 아무런 추가적인 요구, 필요조건 없이) 벌써 도 일체고액의 첫걸음이 시작되는 것이고, 조견 오온개공의 상태를 유지하며 실천하며 사는 것이 곧 도 일체고액의 상태일거라 생각하게 됩니다.

아마도,

많은 순간 우리를 속박하고 구속하고 우리가 얽매이고 집착했을 것들을 경전과 일상에서 동시에 표현해 보면 아래와 같이 쓸 수 있게 됩니다.

경전에 나타난 우리를 속박하고 얽매이게 하는 것들 (공중무∞)	일상에서 우리를 속박하고 얽매이게 하는 것들 (공중무∞)
색수상행식 안이비설신의 색성향미촉법 안계 의식계 무명, 무명진 노사, 노사진 고집멸도 지(혜) 소득	남녀 노소 빈부 피부색 국적 외모 경력 학력 지역 사회적 지위

하지만,

누군가가 있어, '조견 오온개공과', '도 일체고액' 사이에 '무언가'가 반드시 있어야 하고, '무언가'가 없어선 안된다고 한다면, 그 '무언가'가 무엇일지 한없이 궁금해지면서, 그럴 경우에는 경전 이름 중, '마하 반야'가 빛바래게 될까 두렵고, '바라밀다'가 의미를 잃게 될까 염려되고, '심경'이라 했던게 빈말이 될까 걱정을 하게 됩니다.

앞의 내용들을 정리해 보면,

조견 오온개공.
오온이 공한 것을 비추어보다
오온이 공한 것을 끝내 알게되다
오온이 공한 것을 마침내 이해하다

오온개공
다섯가지 온이 모두 공한 것
색수상행식의 다섯 가지 온이 모두 공한 것
색수상행식의 다섯 가지 쌓임이 모두 공한 것
색수상행식이 쌓인 결과인 현재의 나라고 할 것은 공한 것
색수상행식이 쌓인 결과인 현재의 나라고 할 것은 미미하고, 확정, 고정, 불변, 절대, 영원한 것이 아님
색수상행식이 쌓인 결과인 현재의 나라고 할 것은 미미하고, 진행중, 가변적, 상대적, 일시적인 것

도 일체고액의 길

모든 것이 공하고 미미하고 무상함을 알고 나니

구별, 분별, 차별하는 게 의미가 없다 할 것이며

남과 나 사이를 구별, 분별, 차별하지 않게 되니

남과 나 사이의 많은 차이로 겪었을 마음 걱정(마음 고생)을 더 이상 하지 않게 될 것이며

나를 규정짓던 많은 것들에 대해서도 더 이상 얽매이지 않게 될 것이니

자연히, '남과 나로 인한 그 많던 고액'들이 더 이상 '고액'이랄 것 없이 사라지거나 무의미해 질 것이니

결국, 나는 아주 많은 고액들을 건넌 셈이 될 것이며

감히, '도 일체고액' 하였다 하게 될 것이며

그리하여, '조견 오온개공 도 일체고액' 하였다 할 것이네.

〈너와 나 사이의 고통들〉

우월감. 이기심. 자만심. 선민의식. 증오심. 복수심. 시기. 질투. 배타심. 열등감. 좌절감. 우울감. 자괴감. 무기력. 포기. 낙심 등등

유레카 (6)

반야심경의 "마하반야"는 무엇?

심경(心經)은 핵심경전? 마음경전?

경전 제목을 보면

摩訶 般若 波羅蜜多 心經
마하 반야 바라밀다 심경

마하(摩訶) ; 어마어마하게 큰
반야(般若) ; 지혜
바라밀다(波羅密多) ; 이루다, 성취하다
심경(心經) ; 핵심 경전, 마음 경전

마하 반야 바라밀다 심경
마하 반야를 바라밀다하게 하는 심경
어마어마하게 큰 지혜를 바라밀다하게 하는 심경
어마어마하게 큰 지혜를 이루게(이룰 수 있게) 하는 심경
어마어마하게 큰 지혜를 이루게 하는 핵심(마음) 경전

반야심경 260자 중에서 마하반야라고 할 부분(표현)은 "오온개공" 일
것이고
심경은 핵심 경전이기도 하지만 마음경전이라. 많은 것들 요구하지
않고 마음 하나로 깨우칠 수 있는(깨우침을 주는) 경전이라 할 것

관자재보살께서 마하반야인 "오온개공"을 "바라밀다" 하시어 "도일
체고액" 하시니 그 "조견"하신 마음을 보여주는 경전이라 하겠네.

나라고 할

나의 자아라고 할 나의 오온은

미미하고 변동하는 것이라 공이나 무상한 것

타인이라 할

타인의 자아라 할 타인의 오온도

미미하고 변동하는 것이라 공이나 무상한 것

그리하여,

나와 타인 사이에 어떤 우열, 상하, 고저, 장단, 대소로 인한 차이가

또한 미미하고 변동한다 할 것임

따라서,

나와 타인간에 지금, 여기에서 벌어지는 문제들로 크게 희노애락할

게 없다할 것이며

타인에게 내가 겸손해 하고, 하심하고, 존중하고, 보시해도 나의 자존

감이 낮아지는게 아니고

타인과의 여러 문제로 겪었을 일체고액을 피하고, 막고, 건너뛸 수 있

게 될테니 이게 곧 도 일체고액의 첫걸음이라 하겠네

그래서 반야심경에 실린 열반, 해탈의 길(원리, 방법)을 정리해보니,

오온개공을 조견하니 도일체고액 하는 과정은,

나의 오온이나 남들의 오온이 서로 다를 수는 있으나 상대적으로 우

월하거나 열등하지 않고,

또한 절대적이거나 불변하거나 영원하지 않고 언제고 변할 수 있는 것임을 알게(인식하게, 공감하게, 인정하게, 깨닫게) 되니,

나와 남을 구별하거나 차별하는 근거나 이유가 무의미하게 되고(설자리를 잃게 되고),

나와 남을 구별하거나 차별하지 않게되고,

내가 남과 다르거나 우월하다고 주장하지 않게되니,

내가 나를 아끼고 자존하고 사랑하는만큼 주변과 타인들도 소중하고 존중하고 사랑할 존재들이라 여기게 되고,

그래서 주변과 타인들을 부처라고 생각하게되니,

자연스레 타인에 자비, 보시 하게되고

행복에 대한 수천, 수만가지 사례와 설명과 주장과 이론이 있겠지만 그저 한 줄 등식으로 표현할 수 있듯이,

성공에 대한 수천, 수만가지 사례와 설명과 주장과 이론이 있겠지만 그저 한 줄 부등호로 표현할 수 있듯이,

'도 일체고액'에 대한 수천, 수만가지 사례와 설명과 주장과 이론이 있겠지만 그저 한 줄로 표현할 수 있으니. 그저 '조견 오온개공' 뿐이네요

'조견 오온개공'과 '도 일체고액' 사이에 어떤 것도 추가적으로 요구되지 않고 있으니 한없이 감사합니다. 눈물로 감동합니다. 한줄기 희망이 보입니다. 다시 힘낼 용기가 납니다. 우리들도 모두 '도 일체고액' 할 수 있을 것 같습니다.

그 어떤 것(3000배, 동안거, 하안거, 출가, 성지순례, 사경하기, 다라니경 외우기, 금강경, 팔만대장경, 고행, 좌선, 명상, 템플스테이, 국적,

성별, 나이, 경력, 학력, 경제력, 사회적 지위, 종교, 건강상태 등)도 '조
견 오온개공'과 '도 일체고액' 사이에 추가적으로 요구되지 않고 있어 다
행입니다.

유레카 (7) 사례들

선물

봉사

헌혈

(사례 1) 선물

지금은 아파트촌이 된 일산에서 50여년 전에 대대로 농사를 지어오던 두 집이 있었는데, 아들 많은 윤씨 어른이 딸 많은 친구집에 해마다 춘궁기가 되면 아무도 모르게 볏단을 보냈고 그렇게 도움 받은 딸부자 친구는 식사때마다 '이 은혜 절대 잊지 말아라'하셨는데,

세월이 흘러 두 친구분 돌아가신 후,

윤씨 셋째아들이 암에 걸려 수술받고 입원하고 있었는데,

딸부자집 막내딸이 양돈업하는 집에 시잡갔었는데 그 소식 듣고는 키우던 돼지 세 마리 싣고와 기운 차리라 선물하고 갔고

윤씨는 혼자 어쩔질 못해 주변 지인들에게 돼지고기를 나눠 선물했고

돼지고기 받은 지인중에, 힘들때마다 여러모로 윤씨 도움받아온 식용개 농장주인도 있었는데, 고기 받은 다음날 앞산에 서광 비쳐 가보니 산삼이라. 농장주인은 망설임없이 산삼 주인은 윤씨라며 윤씨에게 선물했고 산삼 먹은 얼마뒤 윤씨는 암 치료 마치고 귀가했고, 10여년 지난 지금까지 건강하게 잘 지내시는데

주변 지인들은, 현대의학이 윤씨를 살린게 아니라 돌아가신 아버님이 아들을 살린거라 믿고 있다고 합니다.

(사례 2) 봉사

때는 1981년 2월 고등학교 졸업식장에서 이런저런 시상식을 하는데, 3년간 소아마비 친구를 등하교시켜준 두 친구가 봉사상을 받는데 지금도 이해하지 못하는 건, 자칭 명문고에 다니면서 본인들도 명문대 진학에 내밀리던 시절인데 비가 오나 눈이 오나 3년을 소아마비 동창을 등하교시켜주다니.

봉사상 받은 한 친구, 알아주는 명문대 못 갔고, 대학 졸업 후 첫 직장이 화장지회사 영업사원이었네.

우연히 항공사에서 뽑는 민간항공기 조종사 양성과정에 지원해 제주도에서 교육받은 후 여객기 조종사 되었는데,

나이 50이 넘어 들려오는 얘기가 연봉은 많아도 사는건 빠듯하다고 하길래 무슨 소리인가 했는데,

적게는 1-2천만원, 많게는 수천만원씩 매년 국내외에 기부하고 있었다고.

계속 기부해온 방글라데시의 어느 한 마을에 부부가 방문하면, 온 마을이 나서서 환영식을 베풀어주기도 한다고 하고,

해마다 기부금 세액공제로 환급받는 소득세 환급금이 자기네 항공사에서 자기가 가장 많을 거라고.

같이 근무하는 항공사의 선후배들은 그의 기부금보다 해마다 소득세 환급금이 많은걸 부러워하고 있다고 합니다.

(사례 3) 헌혈

때는 20여년전 서울 종로의 한 사무실.

프랑스에서 유학하고 온 친구의 여러 얘기 듣다가, 헌혈을 23번인가
했다는 소리에 놀라.

그때까지 헌혈은 예비군훈련 조기귀가때나 하는 걸로 알고 30대 중
반까지 3번정도 했었는데,

놀란 가슴으로 평생 처음으로 찾아간 곳이 헌혈의 집.

더 놀란 건, 헌혈의 집 벽면에 붙어있는 30, 50, 100회 헌혈자들의
이름들.

나도 할 수 있겠냐는 물음에 '그럼요'라고 답해 준 간호사님.

그 날을 시작으로 매년 10여회를 헌혈하니 어느덧 내게도 30회, 50
회, 100회 헌혈의 날이 왔고,

120회차 가량 헌혈하던 서울 광화문 헌혈의 집에서 운명처럼 만난
'헌혈왕'서재균선생.

이미 30년간 400여회 헌혈하시고, 중국에서는 중국인 헌혈의집 직원
과 싸워가며 외국인 최초 헌혈자가 되신 헌혈왕의 얘기까지 들으니,

100회 헌혈후 어느정도 우쭐대던 내 모습이 부끄러워지며 69세까지
의 헌혈계획을 다시 세우게 되네.

내 평생 69세까지 300회 헌혈 해보자고.

지난 봄에 234번째 헌혈을 했는데

앞으로는 추가 헌혈을 못하게 되었네.

아쉽게도 건강이 허락치를 않네.

유레카 (8) 기타

성공, 행복, 사랑, 도 일체고액

인사법, 공경의 표시 방법

하심하라

나는 없다

탐(貪), 진(瞋), 치(痴)

아제 아제 바라 아제 바라 승 아제

오계(五戒)에 대한 3단계 해석

<성공, 행복, 사랑, 도 일체고액 >

성공에 대한 그 많은 설명과 정의가 있어 왔지만, 이보다 더 쉽고 명쾌한 설명과 정의를 보지 못하였다.

성공에 이르는 순서 "자극 〉 동기 〉 꿈 〉 목표 〉 계획 〉 행동 〉 성공"

행복에 대한 그 많은 설명과 정의가 있어 왔지만, 이보다 더 쉽고 명쾌한 설명과 정의를 보지 못하였다.

행복=현실÷기대

사랑에 대한 그 많은 설명과 정의가 있어 왔지만, 이보다 더 쉽고 명쾌한 설명과 정의를 보지 못하였다.

I LOVE YOU ALTHOUGH~.

I LIKE YOU BECAUSE~.

도 일페고액에 이르는 길에 대한 그 많은 설명과 정의가 있어 왔겠지만, 이보다 더 쉽고 명쾌한 설명과 정의를 보지 못하였다.

조견 오온개공 도 일체고액

< 인사법, 공경의 표시 방법 >

· 목례(눈인사)

· 고개인사

· 악수

· 30° 허리 숙여 인사하기

· 90° 허리 숙여 인사하기(배꼽 인사)

· 한 무릎 꿇고 인사하기

· 두 무릎 꿇고 인사하기

· 두 무릎과 두 손 바닥에 대고 인사하기

· 두 무릎, 두 손, 이마 바닥에 대고 인사하기(이웃 종교)

· 두 무릎, 두 팔꿈치, 이마 바닥에 대고 인사하기(한국 불교, 오체투지)

· 앞부분 신체 전체를 바닥에 대고 인사하기(티베트 불교)

< 下心하라 >

하심하라

마음을 내려놓아라

내가 나라는 마음을 내려놓아라

현재의 내가 나라는 마음을 내려놓아라

현재의 나는 미래에도 변함없을 거라는 마음을 내려놓아라

현재의 나는 언제나 변함없을 거라는 착각, 욕심, 희망을 내려놓아라

현재의 나는 언제나 변할거라는 점을 받아들여라

현재의 나도 타인들도 변할거라는 점을 받아들여라

'오온개공(五蘊皆空)'을 받아들여라

'오온은 모두 무상(無常)함'을 받아들여라

나와 타인들은 고정된, 변함없는 우열, 존비, 상하관계에 있지 않음을
받아들여라

내가 존귀하듯 타인들도 존귀하다 여겨라

타인들보다 내가 더 존귀하다 여기지 말아라

나만큼, 나보다 더 타인들을 귀하게 여기고 대하라

내가 부처라면 타인들도 부처라 여기고 대하라

나는 아니더라도 타인들은 부처일 수 있다 여기고 대하라

타인들을 부처라고 여기고 대하라

타인들을 부처처럼 대하라

타인들은 모두 부처다
세상은 모두 부처다
당신은 부처다
곧 도일체고액(度 一切苦厄) 하리라
마침내 모든 고통을 이겨내리라
모든 고통이 비껴 가리라

위아래의 순서를 반대로, 거꾸로 하여 다시 표현하면,

모든 고통이 비껴 가리라
마침내 모든 고통을 이겨내리라
곧 도일체고액(度 一切苦厄) 하리라
당신은 부처다
세상은 모두 부처다
타인들은 모두 부처다
타인들을 부처처럼 대하라
타인들을 부처라고 여기고 대하라
나는 아니더라도 타인들은 부처일 수 있다 여기고 대하라
내가 부처라면 타인들도 부처라 여기고 대하라
나만큼, 나보다 더 타인들을 귀하게 여기고 대하라
타인들보다 내가 더 존귀하다 여기지 말아라
내가 존귀하듯 타인들도 존귀하다 여겨라
나와 타인들은 고정된, 변함없는 우열, 존비, 상하관계에 있지 않음을
받아들여라

'오온은 모두 무상(無常)함'을 받아들여라

'오온개공(五蘊皆空)'을 받아들여라

현재의 나도 타인들도 변할거라는 점을 받아들여라

현재의 나는 언제나 변할거라는 점을 받아들여라

현재의 나는 언제나 변함없을 거라는 착각, 욕심, 희망을 내려놓아라

현재의 나는 미래에도 변함없을 거라는 마음을 내려놓아라

현재의 내가 나라는 마음을 내려놓아라

내가 나라는 마음을 내려놓아라

마음을 내려놓아라

하심하라

下心하라

< 나는 없다 >

나는 없다

나라고 할 것은 없다

현재의 내가 나라고 할 것은 없다

현재의 나는 미래에도 변함없이 나라고 할 것은 아니다

현재의 나는 언제나 변함없이 나라는 착각, 환상, 욕심, 희망을 버려라

현재의 나는 언제나 변할거라는 점을 받아들여라

내가 변하듯 타인들도 변할 것임을 받아들여라

'오온개공(五蘊皆空)'을 받아들여라

'오온은 모두 무상(無常)함'을 받아들여라

나와 타인들은 고정된, 변함없는 우열, 존비, 상하관계에 있지 않음을
받아들여라

내가 존귀하듯 타인들도 존귀하다 여겨라

타인들보다 내가 더 존귀하다 여기지 말아라

나만큼, 나보다 더 타인들을 귀하게 여기고 대하라

내가 부처라면 타인들도 부처라 여기고 대하라

나는 아니더라도 타인들은 부처일 수 있다 여기고 대하라

타인들을 부처라고 여기고 대하라

타인들을 부처처럼 대하라

타인들은 모두 부처다

세상은 모두 부처다
당신은 부처다
곧 도일체고액(度 一切苦厄) 하리라
마침내 모든 고통을 이겨내리라
모든 고통이 비껴 가리라

위아래의 순서를 반대로, 거꾸로 하여 다시 표현하면,

모든 고통이 비껴 가리라
마침내 모든 고통을 이겨내리라
곧 도일체고액(度 一切苦厄) 하리라
당신은 부처다
세상은 모두 부처다
타인들은 모두 부처다
타인들을 부처처럼 대하라
타인들을 부처라고 여기고 대하라
나는 아니더라도 타인들은 부처일 수 있다 여기고 대하라
내가 부처라면 타인들도 부처라 여기고 대하라
타인들보다 내가 더 존귀하다 여기지 말아라
내가 존귀하듯 타인들도 존귀하다 여겨라
나와 타인들은 고정된, 변함없는 우열, 존비, 상하관계에 있지 않음을
받아들여라
  '오온은 모두 무상(無常)함'을 받아들여라

'오온개공(五蘊皆空)'을 받아들여라

내가 변하듯 타인들도 변할 것임을 받아들여라

현재의 나는 언제나 변할거라는 점을 받아들여라

현재의 나는 언제나 변함없이 나라는 착각, 환상, 욕심, 희망을 버려라

현재의 나는 미래에도 변함없이 나라고 할 것은 아니다

현재의 내가 나라고 할 것은 없다

나라고 할 것은 없다

나는 없다

< 탐(貪), 진(瞋), 치(痴) >

남의 것, 지나친 것, 불가능한 것을 탐내고
타인에게, 충고에 성내고
현재만, 본인만, 즐거움만 고집하며 변하지 않으려 하니 어리석고

노력없이 깨달음을 얻고 싶어하니 탐이요
자신이 알 때까지 계속 가르쳐 달라기만 하니 성냄이요
아무리 가르쳐도 깨우치지 못하니 어리석음이요

모른다며 알려달라고 매달리기만 하니 탐이요
모르면서 아는척 하며 소리 높이는 게 성냄이요
모르면서 알려고 아니하니 어리석음이요

남의 것을 가지려 하니 탐이요
내 것을 아니 내주려 하니 성냄이요
내 것과 남의 것을 구분하지 못하니 어리석음이요

세상을 모두 알려는게 탐이요
남들에게 세상을 모른다고 나무라니 성냄이요
세상을 다 아는 척 하니 어리석음이요

세상 모두로부터 존경받겠다 하니 탐이요
존경할 사람 없다고 하니 어리석음이요
겸손도 모르면서 존경받겠다 하니 어리석음이요

스승과 제자
계속 스승감을 찾아 다니는게 탐이요
제 앞의 스승을 저울질하고 간보는게 성냄이요
스승에게 배운걸 계속 반복해 훈련하지 않는게 어리석음이요

미녀
끝없이 최고의 미녀를 찾아다니는게 탐이요
제 여인에게 언제나 이쁘게 꾸미라 요구하는게 성냄이요
제 여인의 마음이 아름다운걸 모르는게 어리석음이요

효도

형제가 많아도 다들 나몰라라 제 부모 돌보지 않는 게 탐이요

형제간에 서로 상대방에게 부모 돌보라 떠미는 게 성냄이요

머지않아 자신이 제 자식에게서 버림받을 날 올걸 몰라하니 어리석음
이요

젊은이에게

조그마한 고통, 수고, 노력, 눈물도 없이 자신만의 즐거움, 요행, 편
함, 웃음만을 좇는 게 탐이요

고통, 수고, 노력, 눈물을 받아들이란 얘기를 외면하는 게 성냄이요

많은 즐거움, 요행, 편함, 웃음들이 저절로 오는 게 아님을 몰라라 하
니 어리석음이요

부부

더 젊고 더 이쁜 사람만 찾아 다니는 게 탐이요

나이 들어 간다고 상대방을 타박하는 게 성냄이요

오래도록 함께 할 수 있는 게 행복임을 모르는 게 어리석음이요

배우자

배우자(配偶者)에게 모든걸 다 해달라 요구하는게 탐이요

배우자(配偶者)에게 미리 스스로 알아서 못하냐며 분해 하니 성냄이요
배우자(配偶者)에게 배우려 하지 않고 가르치려하니 어리석음이요

영생
죽어도 영원히 죽지않길 바라는 게 탐이요
영생 약속하는 말 믿지 말라 하면 외면하니 성냄이요
'오온개공, 제행무상'보다는 영생을 좇는게 어리석음이요

자녀사랑
결혼은 했지만 자녀계획 없는 둘만의 사랑을 고집하는 게 탐이요
자녀출산 장려해도 본인의 행복에 방해된다며 외면하는 게 성냄이요
자녀출산을 나중으로 나중으로 미루고 미루는 게 어리석음이요

제 자식은 무엇을 해도 1등 해야한다는 건 탐이요
제 자식한테 무엇이든 1등하라 요구하니 성냄이요
제 자식의 흥미와 관심과 꿈이 무엇인지도 모르니 어리석음이요

지구환경
현재도 멀리멀리 비행기 타고 여행 다니는 걸 자랑하는 게 탐이요

앞으로는 비행기여행 최소화하란 충고에 반발하는 게 성냄이요
본인 죽은 뒤의 지구기후혼돈 따위에는 관심없다 하는 게 어리석음이요

담배
아무리 금연을 호소해도 온갖 핑계로 계속 흡연하려는 게 탐이요
흡연은 해도 꽁초를 아무데나 버리지 말라하면 간섭말라 하는 게 성
냄이요
담배필터가 썩지 않는 플라스틱 재질인 걸 모르니 어리석음이요

연금
자신이 납입한 것보다 몇배 많은 연금을 100세까지 받고야 말겠다는
게 탐이요
연금 수령액을 줄이자는 사람들에게 대드는 게 성냄이요
자녀 세대의 부담이 엄청 커지는 걸 외면하는 게 어리석음이요

자신도 적게 납입하고 많은 연금 받고야 말겠다는 게 탐이요
조금 더 납입하고 조금 덜 받는 연금개혁을 극구 반대하는 게 성냄이요
이미 고갈되었거나 고갈될 각종 연금을 지속해가자는 게 어리석음이요

< "아제 아제 바라 아제 바라 승 아제" 부분을 여러 형태로 해석해 보기 >

揭諦揭諦 波羅揭諦 波羅僧揭諦 菩提娑婆訶
아제아제 바라아제 바라승아제 모지사바하

揭諦 揭諦	波羅 揭諦	波羅僧揭諦	菩提娑婆訶
아제 아제	바라 아제	바라승아제	모지사바하
가자 가자	넘어 가자	모두 넘어가서 깨달음을 이루자	

아제 아제 바라 아제 바라 승 아제

(관자재보살께서)	가셨네 가셨네 건너 가셨네 건너 모두 가셨네
(보리살타께서)	가셨네 가셨네 건너 가셨네 건너 모두 가셨네
(삼세제불께서)	가셨네 가셨네 건너 가셨네 건너 모두 가셨네

(과거)	갔네 갔네 건너 갔네 건너 모두 갔네
(현재)	가네 가네 건너 가네 건너 모두 가네
(미래)	가세 가세 건너 가세 건너 모두 가세

(3인칭)	가셨네 가셨네 건너 가셨네 건너 모두 가셨네
(1인칭)	가야지 가야지 건너 가야지 건너 모두 가야지
(2인칭)	가세 가세 건너 가세 건너 모두 함께 가세

< 불교계율 오계(五戒)에 대한 3단계 해석 >

불살생(不殺生)

1. 남의 생명을 빼앗지 마라
2. 나와 남의 생명을 지켜 주라
3. 모두의 생명을 북돋워(잘살게 해) 주라

불투도(不偸盜)

1. 남의 재물을 빼앗지 마라
2. 나와 남의 재물을 지켜 주라
3. 모두의 재물을 북돋워(늘려) 주라

불사음(不邪淫)

1. 남의 소중한 사랑을 빼앗지 마라
2. 나와 남의 소중한 사랑을 지켜 주라
3. 모두의 소중한 사랑을 북돋워(더욱 사랑하게 해) 주라

불망어(不妄語)

1. 남의 자긍심을 빼앗지(무너뜨리지) 마라
2. 나와 남의 자긍심(자존감)을 지켜 주라
3. 모두의 자긍심을 북돋워(칭찬과 격려를 해) 주라

불음주(不飮酒)

    1. 앞의 네가지 남의 것(생명, 재물, 사랑, 자긍심)을 빼앗는 짓을 하지 않게 술을 마시지 마라

    2. 앞의 네 가지 계율을 범하지 않게 서로 술을 권하지 마라

    3. 앞의 네 가지 계율을 지킬 수 있게 맑은 정신으로 지내라

유레카 (9)
한자(漢字)

3·1獨立(독립) 宣言書(선언서) 原文(원문)

나의 가족들 이름을 한자(漢字)로 써보기

< 3·1獨立(독립) 宣言書(선언서) 原文(원문) >

　　吾等(오등)은 玆(자)에 我(아) 朝鮮(조선)의 獨立國(독립국)임과 朝鮮人
(조선인)의 自主民(자주민)임을 宣言(선언)하노라.
　　此(차)로써 世界萬邦(세계만방)에 告(고)하야 人類平等(인류평등)의 大
義(대의)를 克明(극명)하며, 此(차)로써 子孫萬代(자손만대)에 誥(고)하야
民族自存(민족자존)의 正權(정권)을 永有(영유)케 하노라.

　　半萬年(반만년) 歷史(역사)의 權威(권위)를 仗(장)하야 此(차)를 宣言
(선언)함이며, 二千萬(이천만) 民衆(민중)의 誠忠(성충)을 合(합)하야 此
(차)를 佈明(포명)함이며, 民族(민족)의 恒久如一(항구여일)한 自由發展
(자유발전)을 爲(위)하야 此(차)를 主張(주장)함이며, 人類的(인류적) 良
心(양심)의 發露(발로)에 基因(기인)한 世界改造(세계개조)의 大機運(대기
운)에 順應幷進(순응병진)하기 爲(위)하 야 此(차)를 提起(제기)함이니,
　　是(시) ㅣ 天(천)의 明命(명명)이며, 時代(시대)의 大勢(대세) ㅣ 며, 全人
類(전인류) 共存同生權(공존동생권)의 正當(정당)한 發動(발동)이라, 天下
何物(천하하물)이던지 此(차)를 沮止抑制(저지억제)치 못할지니라.

　　舊時代(구시대)의 遺物(유물)인 侵略主義(침략주의), 强權主義(강권주
의)의 犧牲(희생)을 作(작)하야 有史以來(유사이래) 累千年(누천년)에 처
음으로 異民族 (이민족) 箝制(겸제)의 痛苦(통고)를 嘗(상)한지 처음으로

十年(십년)을 過(과)한 지라, 我(아) 生存權(생존권)의 剝喪(박상)됨이 무릇 幾何(기하) ㅣ며, 心靈上(심령상) 發展(발전)의 障礙(장애)됨이 무릇 幾何(기하) ㅣ며, 民族的(민족적) 尊榮(존영)의 毀損(훼손)됨이 무릇 幾何(기하) ㅣ며, 新銳(신예)와 獨創(독창)으로써 世界文化(세계문화)의 大潮流(대조류)에 寄與補裨(기여보비)할 機緣(기연)을 遺失(유실)함이 무릇 幾何(기하) ㅣ뇨.

噫(희)라, 舊來(구래)의 抑鬱(억울)을 宣暢(선창)하려 하면, 時下(시하)의 苦痛(고통)을 擺脫(파탈)하려 하면, 將來(장래)의 脅威(협위)를 芟除(삼제)하려 하면, 民族的(민족적) 良心(양심)과 國家的(국가적) 廉義(염의)의 壓縮銷殘(압축소잔)을 興奮伸張(흥분신장)하려 하면, 各個(각개)의 人格(인격)의 正當(정당)한 發達(발달)을 遂(수)하려 하면, 可憐(가련)한 子弟(자제)에게 苦恥的(고치적) 財産(재산)을 遺與(유여)치 안이하여 하면, 子子孫孫(자자손손)의 永久完全(영구완전)한 慶福(경복)을 導迎(도영)하려 하면,

最大急務(최대급무)가 民族的(민족적) 獨立(독립)을 確實(확실)케 함이니, 二千萬(이천만) 各個(각개)가 人(인)마다 方寸(방촌)의 刃(인)을 懷(회)하고, 人類通性(인류통성)과 時代良心(시대양심)이 正義(정의)의 軍(군)과 人道(인도)의 干戈(간과)로써 護援(호원)하는 今日(금일), 吾人(오인)은 進(진)하야 取(취)하매 何强(하강)을 挫(좌)치 못하랴, 退(퇴)하야 作(작)하매 何志(하지)를 展(전)치 못하랴.

丙子修好條規(병자수호조규) 以來(이래) 時時種種(시시종종)의 金石盟約(금석맹약)을 食(식)하얏다 하야 日本(일본)의 無信(무신)을 罪(죄)하려 안이 하노라. 學者(학자)는 講壇(강단)에서 政治家(정치가)는 實際(실제)에서, 我(아) 祖宗世業(조종세업)을 植民地視(식민지시) 하고, 我(아) 文化民族(문화민족)을 土昧人遇(토매인우)하야, 한갓 征服者(정복자)의 快(쾌)를 貪(탐)할 뿐이오, 我(아)의 久遠(구원)한 社會基礎(사회기초)와 卓犖(탁락)한 民族心理(민족심리)를 無視(무시)한다 하야 日本(일본)의 少義(소의)함을 責(책)하려 안이 하노라. 自己(자기)를 策勵(책려)하기에 急(급)한 吾人(오인)은 他(타)의 怨尤(원우)를 暇(가)치 못하노라. 現在(현재)를 綢繆(주무)하기에 急(급)한 吾人(오인)은 宿昔(숙석)의 懲辨(징변)을 暇(가)치 못하노라.

今日(금일) 吾人(오인)의 所任(소임)은 다만 自己(자기)의 建設(건설)이 有(유)할 뿐이오, 決(결)코 他(타)의 破壞(파괴)에 在(재)치 안이하도다. 嚴肅(엄숙)한 良心(양심)의 命令(명령)으로써 自家(자가)의 新運命(신운명)을 開拓(개척)함이오, 決(결)코 舊怨(구원)과 一時的(일시적) 感情(감정)으로써 他(타)를 嫉逐排斥(질축배척)함이 안이로다. 舊思想(구사상), 舊勢力(구세력)에 羈縻(기미)된 日本(일본)의 爲政家(위정가)의 功名的(공명적) 犧牲(희생)이 된 不自然(부자연), 又(우) 不合理(불합리)한 錯誤狀態(착오상태)를 改善匡正(개선광정)하야, 自然(자연), 又(우) 合理(합리)한 正經大原(정경대원)으로 歸還(귀환)케 함이로다.

當初(당초)에 民族的(민족적) 要求(요구)로서 出(출)치 안이한 양국병합(양국병합)의 結果(결과)가, 畢竟(필경) 姑息的(고식적) 威壓(위압)과 差別的(차별적) 不平(불평)과 統計數字上(통계숫자상) 虛飾(허식)의 下(하)에서 利害相反(이해상반)한 兩(양) 民族間(민족간)에 永遠(영원)히 和同(화동)할 수 없는 怨溝(원구)를 巨益深造(거익심조)하는 今來實績(금래실적)을 觀(관)하라. 勇明果敢(용명과감)으로써 舊誤(구오)를 廓正(확정)하고, 眞正(진정)한 理解(이해)와 同情(동정)에 基本(기본)한 友好的(우호적) 新局面(신국면)을 打開(타개)함이 彼此間(피차간) 遠禍召福(원화소복)하는 捷徑(첩경)임을 明知(명지)할 것 안인가.

또, 二千萬(이천만) 含憤蓄怨(함분축원)의 民(민)을 威力(위력)으로써 拘束(구속)함은 다만 東洋(동양)의 永久(영구)한 平和(평화)를 保障(보장)하는 所以(소이)가 안일 뿐 안이라, 此(차)로 因(인)하야 東洋安危(동양안위)의 主軸(주축)인 四億萬(사억만) 支那人(지나인)의 日本(일본)에 對(대)한 危懼(위구)와 猜疑(시의)를 갈스록 濃厚(농후)케 하야, 그 結果(결과)로 東洋(동양)의 全局(전국)이 共倒同亡(공도동망)의 悲運(비운)을 招致(초치)할 것이 明(명)하니, 今日(금일) 吾人(오인)의 朝鮮獨立(조선독립)은 朝鮮人(조선인)으로 하야금 正當(정당)한 生榮(생영)을 遂(수)케 하는 同時(동시)에, 日本(일본)으로 하야금 邪路(사로)로서 出(출)하야 東洋(동양) 支持者(지지자)인 重責(중책)을 全(전)케 하는 것이며,支那(지나)로 하야금 夢寐(몽매)에도 免(면)하지 못하는 不安(불안), 恐怖(공포)로서 脫出(탈출)케 하는 것이며, 東洋平和(동양평화)로 重要(중요)한 一部(일부)를 삼는 世界平和(세계평화), 人類幸福(인류행복)에 필요한 階段(계단)이 되게 하는 것이라, 이 엇지 區區(구구)한 感情上(감정상)의 問題(문제) ㅣ 리오.

아아, 新天地(신천지)가 眼前(안전)에 展開(전개)되도다. 威力(위력)의 時代(시대)가 去(거)하고 道義(도의)의 시대(時代)가 來(내)하도다. 過去(과거) 全世紀 (전세기)에 鍊磨長養(연마장양)된 人道的(인도적) 精神(정신)이 바야흐로 新文明(신문명)의 曙光(서광)을 人類(인류)의 歷史(역사)에 投射(투사)하기 始(시)하도다. 新春(신춘)이 世界(세계)에 來(내)하야 萬物(만물)의 回蘇(회소)를 催促(최촉) 하는도다. 凍氷寒雪(동빙한설)에 呼吸(호흡)을 閉蟄(폐칩)한 것이 皮一時(피일시) 의 勢(세) ㅣ 라 하면, 和風暖陽(화풍난양)에 氣脈(기맥)을 振舒(진서)함은 此一時 (차일시)의 勢(세) ㅣ 니, 天地(천지)의 復運(복운)에 際(제)하고 世界(세계)의 變潮 (변조)를 乘(승)한 吾人(오인)은 아모 躊躇(주저)할 것 업스며, 아모 忌憚(기탄)할 것이 업도다. 我(아)의 固有(고유)한 自由權(자유권)을 護全(호전)하야 生旺(생왕)의 樂(낙)을 飽享(포향)할 것이며, 我(아)의 自足(자족)한 獨創力(독창력)을 發揮(발휘)하야 春滿(춘만)한 大界(대계)에 民族的(민족적) 精華(정화)를 結紐(결뉴)할지로다.

吾等(오등)이 玆(자)에 奮起(분기)하도다. 良心(양심)이 我(아)와 同存(동존)하며 眞理(진리)가 我(아)와 幷進(병진)하는도다. 男女老少(남녀노소) 업시 陰鬱(음울)한 古巢(고소)로서 活潑(활발)히 起來(기래)하야 萬彙羣象(만휘군상)으로 더부러 欣快(흔쾌)한 復活(부활)을 成遂(성수)하게 되도다. 千百世(천백세) 祖靈(조령)이 吾等(오등)을 陰佑(음우)하며 全世界(전세계) 氣運(기운)이 吾等(오등)을 外護(외호)하나니, 着手(착수)가 곳

成功(성공)이라. 다만, 前頭(전두)의 光明(광명)으로 驀進(맥진)할 따름인 뎌.

< 나의 가족들 이름을 한자(漢字)로 써보기 >

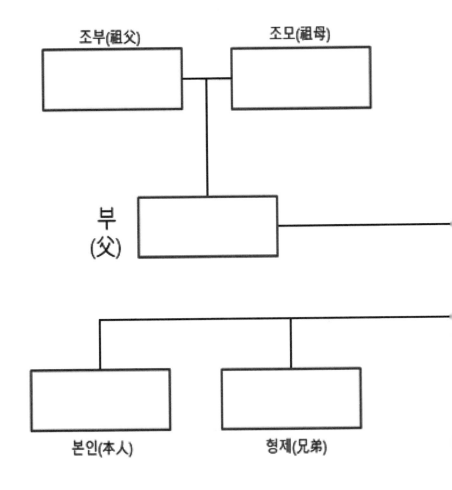

< 나의 가족들 이름을 한자(漢字)로 써보기 >

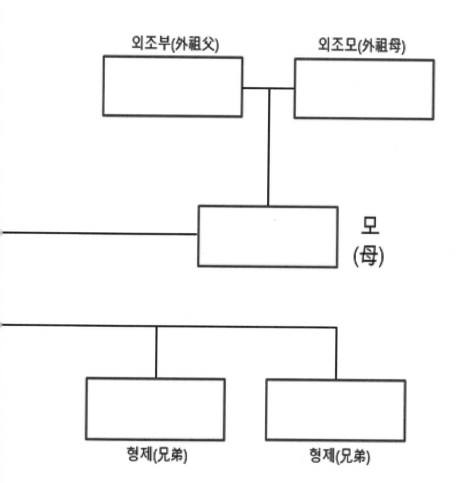

외조부(外祖父)

외조모(外祖母)

모
(母)

형제(兄弟)

형제(兄弟)

글을 마치며

글을 마치며

10여년 전, 한 친구가 하는 말이, 지구가 편평하다고 평생 믿어오신 자기 아버님께 돌아가시기 얼마 전부터 여러 방법으로 지구가 둥글다고 설명드렸더니 마침내 돌아가시는 날 아들에게 지구가 둥근 걸 알고 죽게 해줘서 고맙다고 하셨다네.

어느날 윗집에서 커다란 액자를 버린다고 내놓았는데, 그 내용이 반야심경이라. 제 아버지 돌아가신 후 어머니도 자기도 한자로 쓰인 액자의 내용을 몰라 버리기로 한거라고. 내가 귀하고 귀한 내용이라 말리자 그런 건줄 몰랐다며 다시 집안으로 들이네.

친구따라 갔던 사찰에서 처음으로 반야심경을 접한 뒤로, 지난 십수년간 반야심경을 한순간도 놓지않고 살아오며 깨우친 내용들을 정리해 세상에 드러내고 보니, 한 사람이라도 더 반야심경을 통해 도일체고액하길 바랬던 나날들이 설사 내일 죽게된다 하여도 보람이 있었다 하겠네.

부디, 내가 머리 깎지 않았다고 승복 입지 않았다고 박사학위 없다고, 겨우 중학생들이 이해할 수준의 내용이더라고 이 책의 내용을 깎아내리거나 외면하거나 멀리하지 않길 바랍니다.

바람이 있다면, 다음에 더 많은 공부와 깨달음 얻으신 분이 있어 중학생도 아닌 초등학생들도 반야심경을 쉽게 이해할 수 있게하는 교재나 방법이나 강의를 세상에 내보여 주시길 바랍니다.

아쉬운건, 당랑권은 초등학생에게도 쉽게 가르칠 수 있었겠으나, 반야심경은 초등학생이 쉽게 이해할 수 있게 설명할 재주가 없는 것입니다.

이제
오온이 무언지 알게 되셨나요?
오온개공이 무언지 알게 되셨나요?
그래서 조견 오온개공 하게 되셨나요?
그래서 도일체고액 할 자신이 생기셨나요?
반야심경이 얼마나 큰 희망을 보여주는 소중한 경전인지 알게 되셨나요?

그리고 주변 지인들이나 중학생을 만나도오온을, 오온개공을, 조견 오온개공을, 도 일체고액을 설명해 줄 자신이 생기셨나요?

혼자만 알고 있기에는 너무 귀하고 높고 소중한 경전이라서 더많은 주변 지인들에게 반야심경을 알리고 전해야겠다는 결심이 서시나요?

가장 먼저, 주변 불자들과 공유하시기 바랍니다. 스님들께도 드리기 바랍니다. 자녀들에게 보여주시기 바랍니다. 친구나 지인들에게 선물해

보기 바랍니다.

나 혼자 '도 일체고액' 하기보다는 가까운 사람들과 더 많은 사람들과 함께 '도 일체고액' 하며 살아갈 수 있게요.

揭諦 揭諦　波羅 揭諦　波羅僧揭諦　　菩提娑婆訶

아제 아제　바라 아제　바라승아제　모지사바하

가자 가자　넘어 가자　모두 넘어가서 깨달음을 이루자

유레카 반야심경 풀이

1판 1쇄 발행 2025년 03월 26일

지은이 남촌(南村)

편집 김해진   마케팅·지원 김혜지

펴낸곳 하움출판사   펴낸이 문현광
이메일 haum1000@naver.com   홈페이지 haum.kr

블로그 blog.naver.com/haum1000   인스타 @haum1007

ISBN 979-11-7374-012-1 (03220)